Martin Haller · Jack-Russell-Terrier

Herausgegeben unter dem Patronat des Verbandes für das Deutsche Hundewesen e.V., 4600 Dortmund

Britta Nowmass

Martin Haller

Jack-Russell-Terrier

Praktische Ratschläge für Haltung,
Pflege und Erziehung

Mit 30 Abbildungen, davon 7 farbig

Verlag Paul Parey · Hamburg und Berlin

Die Kapitel „Ernährung" und „Gesundheit" wurden
von Dr. med. vet. Peter Brehm verfaßt.

Weitere Bände in der Reihe „Dein Hund"

Der Afghane • **Airedaleterrier** • **Der Basset** • **Der Beagle** • **Bearded Collie** • **Berner Sennenhunde** • **Bernhardiner** • **Der Bobtail** • **Bouvier des Flandres** • **Der Boxer** • **Der Bullterrier** • **Der Cairn Terrier** • **Der Chihuahua** • **Der Chow-Chow** • **Collie und Sheltie** • **Der Dackel** • **Der Dalmatiner** • **Der Deutsche Schäferhund** • **Der Dobermann** • **Die Dogge** • **Der Foxterrier** • **Golden und Labrador Retriever** • **Greyhound** • **Große Münsterländer** • **Der Hovawart** • **Der Kromfohrländer** • **Der Leonberger** • **Mischlingshunde** • **Der Mops** • **Neufundländer** • **Der Pekingese** • **Pinscher und Schnauzer** • **Der Pudel** • **Der Riesenschnauzer** • **Der Rottweiler** • **Schlittenhunde** • **Setter und Pointer** • **Der Shih-Tzu** • **Der Spaniel** • **Der Spitz** • **Terrier** • **Ungarische Hirtenhunde** • **West Highland White Terrier** • **Der Yorkshire Terrier** • **Dienst- und Gebrauchshunde** • **Dein Hund auf Ausstellungen** • **Dein Hund im Recht**

Die Deutsche Bibliothek – CIP-Einheitsaufnahme

Jack-Russell-Terrier : praktische Ratschläge für Haltung, Pflege und Erziehung / Martin Haller. [Die Kap. „Ernährung" und „Gesundheit" wurden von Peter Brehm verf.]. – 1.–8. Tsd. – Hamburg ; Berlin : Parey, 1992
  (Dein Hund)
  ISBN 3-490-34912-1
NE: Haller, Martin

Das Werk ist urheberrechtlich geschützt. Die dadurch begründeten Rechte, insbesondere die der Übersetzung, des Nachdrucks, des Vortrages, der Entnahme von Abbildungen und Tabellen, der Funksendung, der Mikroverfilmung oder der Vervielfältigung auf anderen Wegen und der Speicherung in Datenverarbeitungsanlagen, bleiben, auch bei nur auszugsweiser Verwertung, vorbehalten. Eine Vervielfältigung des Werkes oder von Teilen dieses Werkes ist auch im Einzelfall nur in den Grenzen der gesetzlichen Bestimmungen des Urheberrechtsgesetzes der Bundesrepublik Deutschland vom 9. September 1965 in der Fassung vom 24. Juni 1985 zulässig. Sie ist grundsätzlich vergütungspflichtig. Zuwiderhandlungen unterliegen den Strafbestimmungen des Urheberrechtsgesetzes.
© 1992 Verlag Paul Parey, Hamburg und Berlin
Anschriften: Spitalerstraße 12, D-2000 Hamburg 1; Seelbuschring 9–17, D-1000 Berlin 42
Satz: Westholsteinische Verlagsdruckerei Boyens & Co., Heide/Holst.
Druck: Druck- + Verlagshaus Wienand, Köln
Umschlaggestaltung: Evelyn Fischer, Hamburg
Printed in Germany
ISBN 3-490-34912-1

Vorwort

Jack-Russell-Terrier sind mit die häufigsten Hunde der Welt, trotzdem gab es über sie bisher nur englischsprachige Literatur, die, zudem noch schwer erhältlich, nur bedingten Wert für uns hat. Ich mache mich daran, den Jack-Russell-Terrier möglichst umfassend abzuhandeln. Dabei werden neben seinen Eigenheiten und historischen Entwicklungen auch allgemeine Grundlagen der Hundezucht und Haltung besprochen, weil nicht jeder Hundefreund über eine umfassende kynologische Bibliothek verfügt. Zudem ist es angenehm, wenn man alles diesbezüglich Wissenswerte in einem Buch zusammengefaßt findet.

Zugleich sei es eine kleine Hommage an diese bezaubernden Hunde, zu deren Verbreitung und Beliebtheit ich dadurch beizutragen hoffe. Nicht zuletzt möchte ich meinen Respekt einem Mann zollen, der zu den schillerndsten Persönlichkeiten seiner Ära zählte und wesentlich am Aufbau moderner Foxterrier-Rassen beteiligt war: Parson Jack Russell.

Altlengbach, im Frühjahr 1992   Martin Haller

Inhalt

Die Geschichte 9

Das Leben des Parson Jack 11

Die Zeit der Hochzucht 15

Die Gegenwart 20

Das Aussehen (Exterieur) 23
    Der Kopf – Der Hals – Die Schulter und die Brust – Der Rumpf –
    Die Läufe – Das Fell

Die Jagd 30
    Jagdliches Führen

Beutetiere des Terriers 32
    Die Ratte – Der Fuchs – Der Dachs

Die Zucht 37
    Moral – Praxis – Auswahl der Elterntiere – Läufigkeit und Decken –
    Die trächtige Hündin – Das Werfen – Nach dem Werfen – Die Aufzucht

Die Standards 52
    Deutschland – FCI-Standard

Gibt es eine Zukunft? 57
    Die Zukunft hat begonnen!

Ernährung 65
Eine Wissenschaft für sich? – Die wichtigsten Grundregeln – Fertigfutter – sicher, bequem und preiswert – Eigener Herd . . . – Patentrezepte

Gesundheit 73
Vorbeugen ist besser als Heilen – Erste Hilfe tut not – Alarmzeichen – Infektionen bedrohen die Gesundheit – Impfungen schützen vor diesen Infektionskrankheiten – Gegen andere Infektionen schützt Vorsicht – Wurmkuren gegen unerwünschte Kostgänger – Kleine Hausapotheke für den Hund – Zehn Tips für den Besuch beim Tierarzt – Gefahren für die menschliche Gesundheit?

Der alternde Hund 89

Anschriften, die Sie kennen sollten 90

Abkürzungen 90

Literatur 91

Bildnachweis 92

Die Geschichte

Der Jack-Russell-Terrier ist eine im englischen Sprachraum sehr populäre Hunderasse. In der Statistik erscheint er an vierter Stelle der Beliebtheitsskala. Durch seine vielseitige Verwendbarkeit und sein munteres Wesen hat er sich einen Platz in vielen Kreisen, vor allem aber unter Reitern, Jägern und Naturfreunden erobert. Leider ranken sich zu viele hübsche Legenden und beschönigende Histörchen um die Entstehung dieses Hundes, der eigentlich das Wort „Rasse" noch nicht verdient, da er in vielen verschiedenen Typen auftritt. Bereits zur Zeit der römischen Eroberung gab es Erdhunde in England. Die Bezeichnung „Terrier" wird einerseits als Verballhornung des Wortes *terra* für Erde, andererseits von *terror* für Furcht angesehen. Beides trifft auf den Arbeitsterrier zu, denn er verbreitet Angst und Schrecken unter der Erde.

Zwischen 1500 und 1700 n. Chr. beschrieben Schriftsteller zwei Typen von Terriern, die einen stämmig und krummbeinig, die anderen schlank und hochbeinig.

Thomas Bewick schrieb 1790 in seiner „Geschichte der Vierbeiner": „Es gibt zwei Arten von Terriern – der eine rauhhaarig, kurzbeinig und lang. Er ist sehr stark und meist schwarz oder gelblich gefärbt, mit Weiß vermischt. Der andere ist glatthaarig, schlank und schön geformt, hat einen kürzeren Körper und ein elegantes Auftreten. Er ist üblicherweise rotbraun oder schwarz mit braun markierten Läufen. Dieser ist dem Rauhhaarigen ähnlich im Charakter, aber an Kraft, Größe und Härte überlegen."

Bis etwa 1700, als die Fuchsjagd zum fashionablen Freizeitvergnügen wurde, legte man kaum Wert auf die Farbe der Hunde. Eine Zeitlang standen weiße Exemplare sogar im Ruf, ererbte Schwächen und Krankheiten zu haben. Dies war nicht ganz unbegründet, denn im achtzehnten Jahrhundert war die Zucht von Kampfhunden wie Bulldog und Bullterrier bereits zu einem Geschäft geworden, und durch enge Inzucht traten Erbschäden häufiger auf. Man verdächtigte daher jeden Züchter weißer Terrier der Einkreuzung von Bulldogblut, eine häufige Praxis, um scharfe, kampfstarke Hunde zu erhalten.

In dem im Jahre 1800 publizierten Buch von Sydenham Edwards, „Cynographia Britanica", werden bereits fünf selbständige Terrierrassen beschrieben und auch abgebildet. Diese fünf Typen zeigen alle Charakteristika, die wir heute in den verschiedenen Terrierrassen finden. Die Kreuzungsprodukte dieser alten Terrierschläge mit dem aggressiven Bulldog waren die Zuchtgrundlage für Foxterrier und Jack-Russell-Terrier. Allerdings hatten sie neben ihren Qualitäten als Rattentöter und Dachsbeißer zwei Fehler, die sie für die Fuchsjagd ungeeignet machten. Zum einen waren sie fürchterlich angriffslustig und scharf, daher mehr geneigt, einen Fuchs nach Möglichkeit zu töten, als ihn aus dem Bau zu sprengen. Zum anderen waren sie lautlose Killer, die ihre Zeit und Kraft nicht damit verschwendeten, einen Fuchs oder Dachs zu verbellen, sondern sich sofort in ihm verbissen.

Um diesem Übel zu begegnen, kreuzte man die „Bull and terrier" nochmals, und zwar mit kleinen Beagles. Diese brachten fünf Vorteile in die Zucht ein:
– eine gute, tiefe Stimme,
– eine ausgezeichnete Nase,
– die erwünschten Hängeohren,
– die typische Jagdhundfärbung (tricolor) sowie
– ein gewitztes, vorsichtiges Temperament.

Man kann diese Kreuzung aus altem Terrier, weißem Bulldog und kleinem Beagle als die Urform des Foxterriers ansehen, der viel später in zwei Schlägen weitergezüchtet wurde, dem Jack-Russell-Terrier und dem Foxterrier. Damals allerdings gab es diese Unterscheidung noch nicht. Natürlich war das Resultat keine einheitliche, homogene Rasse im heutigen Sinne, vielmehr war es eine Basis, aus der man allenfalls etwas machen konnte. Die Geschichte knüpft hier, etwa um 1820, an das Leben des Parson Jack Russell an, verwebt sich gewissermaßen mit seinem Leben. Nach seinem Tod blieben zwei Ergebnisse seiner züchterischen Arbeit bestehen: der moderne Foxterrier und der englische Arbeitsterrier, der unter seinem Namen bekannt wurde. Leider gibt es von keinem von Russells Hunden eine Fotografie, wohl aber von solchen, die er als Zuchtrüden benutzte und schätzte, wie z. B. „Old Jock". Es wurde zwar oft behauptet, daß Russell genaue Aufzeichnungen und Pedigrees geführt habe, aber falls diese je existierten, sind sie spurlos verschwunden. Die Annahme liegt nahe, daß er wenig Wert auf Papiere legte, seine Pedigrees im Kopf hatte und mehr auf Typ und Qualität achtete als auf nachweisbare Abstammung.

Das Leben des Parson Jack

John Russell – Jack ist eine Verballhornung von John – wurde 1795 geboren. Er entstammte einer Familie, die seit 1549 in der Grafschaft Devon ansässig war. Der Vater, ein Geistlicher der anglikanischen Kirche, war ein begeisterter Parforce-Jäger und vermittelte diese Jagdleidenschaft wohl auch seinem Sohn.

Jack besuchte, der damaligen Sitte entsprechend, eine Internatsschule. In der viktorianischen Ära waren die Gebräuche und Unterrichtsmethoden recht rauh, doch hatte die Schulzeit auch ihr Gutes: Gemeinsam mit einigen Freunden gründete Jack seine erste Jagdhunde-Meute, und ein kleines Stipendium ermöglichte den Ankauf seines ersten Pferdes.

Er nahm regelmäßig an Hirschjagden im Exmoor teil, eine Passion, die er den Rest seines Lebens behalten sollte. Russell beendete seine harte Grundschulzeit, um in Oxford Theologie zu studieren. Oxford ist eine romantische kleine Stadt, die zu einer beschaulichen Lebensweise verführt, und der Rektor war ein Mann mit viel Verständnis für die sportlichen Neigungen seiner Studenten. Solange die Vorlesungen und Gottesdienste einigermaßen regelmäßig besucht wurden, ließ er sie zufrieden.

Jack genoß die Freiheit, soweit es seine beschränkten Mittel zuließen, und jagte mit den Meuten von Beaufort, Bicester and Old Berkshire. Russell wurde 1820 zum Priester geweiht und bekam eine Stelle als Pfarrer des Städtchens Nympton in Cornwall.

Bald darauf stellte er eine gemischte Meute zusammen und versuchte sich in der Otterjagd, allerdings ohne Erfolg, denn weder er noch seine Hunde hatten jemals dieser Beute nachgestellt. Das Blatt wendete sich, als er einen erfahrenen Otterhund kaufte, und in den folgenden Jahren zeigte Russell im Sommer guten Sport. Um die Mitte der zwanziger Jahre traf Russell seine spätere Frau, Miss Penelope Bury, die eine hervorragende Reiterin und begeisterte Naturfreundin war. Außerdem war sie die Erbin eines beträchtlichen Vermögens und großer Ländereien. Sein Werben war nicht vergeblich, 1826 heirateten sie. Bald darauf zogen sie nach Iddesleigh, wo Jacks Vater Rektor war.

Der Reverend John (Jack) Russell

Dort bekleidete er das Amt des Kuraten, wenngleich wenig zu tun und auch das Gehalt nicht besonders hoch war. Glücklicherweise war Penelope imstande, aus ihrem Privatvermögen die Löcher zu stopfen, die Jacks Jagdleidenschaft in ihrem Einkommen hinterließ.

Jack kaufte einen Teil einer vorzüglichen Meute, hatte aber anfänglich nur sehr beschränkte Jagdmöglichkeiten. Ein Problem war das Unverständnis der Landbevölkerung für die aufwendige Parforce-Jagd, da man Füchse ja genausogut erschießen oder vergiften konnte. Die Farmer der Gegend weigerten sich anfänglich, Füchse am Leben zu lassen, damit Russell sie hetzen konnte. Es dauerte eine Weile, bis er diese Einstellung durch seine gewinnende Persönlichkeit ändern konnte. Der Erfolg brachte auch Probleme: Russell verlangte keine Mitgliedsgebühren, so daß er sämtliche Kosten alleine zu tragen hatte.

Darum vereinigte er seine Meute mit der eines Mr. Harris, blieb aber selbst Jagdleiter, während dieser die finanzielle Unterstützung gewährte.

Russells Popularität und Jagderfolge ließen sein Jagdgebiet rasch wachsen, doch hatte er seine Möglichkeiten überschätzt. Er besaß weder die Mittel, um eine große Meute und das nötige Personal halten zu können, noch konnte er, obwohl fast dauernd im Sattel, in einem so weiten Gebiet die Füchse merklich dezimieren. Er mußte große Teile des Gebietes für andere neue Meuten freigeben, und etliche seiner Gönner verließen ihn. Da traf es sich gut, daß ihm 1832 die ständige Kuratenstelle von Swymbridge und Landkey angeboten wurde.

Obwohl er inzwischen weit über die Grenzen des West-Countrys hinaus bekannt und beliebt war und sowohl in seiner Funktion als Priester als auch als Fachmann für Hunde und Pferde gesucht war, schien er doch seine karge Heimat dem Glamour der Salons des Adels vorzuziehen. Man weiß jedoch, daß er des öfteren Freunde in ganz England besuchte und sich nach seinem Aufenthalt meist durch ein Geschenk revanchierte, das sowohl originell wie nützlich war: ein Jagdterrier aus eigener Zucht. Wegen seines Rufes als hervorragender Hundezüchter wurde er auch öfter als Richter zu Hundeausstellungen gebeten, deren erste 1859 in Newcastle abgehalten wurde.

Im Jahre 1862 wurden zum erstenmal eigene Klassen für Foxterrier gebildet, und im Jahr darauf traten jene drei Stammväter des heutigen Foxterriers dort in Erscheinung, die auch Jack Russell kannte und bewunderte, es waren dies Old Jock, Tartar und Old Trap.

1873 gründete Mr. S. E. Shirley den berühmten Kennel-Club, der für die englische Hundezucht das bedeutet, was der Jockey-Club für den Rennsport ist – die regierende Körperschaft. Dieser Mr. Shirley züchtete ebenfalls Terrier, und seine beste Hündin Pussy stammte aus Russells Zwinger. Russell war ein Gründungsmitglied des Kennel-Clubs und blieb es bis zu seinem Tode. Wir wissen nicht, aus welchen Gründen er beitrat. Vielleicht war es ein Gefühl der Verpflichtung seinen alten Freunden gegenüber, vielleicht wollte er sich nicht von einer Unternehmung ausschließen, welche die Unterstützung seines Freundes und Gönners, des Prinzen von Wales, hatte. Es wäre auch möglich, daß er als Freimaurer dem Club, der ebenfalls starke Verbindung dahingehend hatte, seine Loyalität nicht versagen konnte.

Die wahrscheinlichste Erklärung ist jedoch, daß der bekannte Hundekenner Interesse und Sympathie für eine Sache empfand, an der er selbst aktiv beteiligt war: Die Zucht und Prüfung von Jagdhunden. Russell war damals eine Kapazität in der Kynologie, und man kann annehmen, daß der neugegründete Club mit Recht seine Unterstützung suchte und stolz darauf war.

Im Herbst 1875 erkrankte Penelope und starb am Neujahrstag, nach fünfzigjähriger, glücklicher Ehe. Nach dem Tode seiner Frau verkaufte Russell seine Meute, nurmehr einige seiner Lieblingsterrier behielt er. Das Leben in Swymbridge hatte ihn 45 Jahre lang ausgefüllt, und er war noch rüstig genug, um jede Jagd reiten zu können, aber er hatte mehr finanzielle Probleme denn je. Sein Freund Lord Poltimore bot ihm darum eine gut dotierte Stelle als Vikar von Black Torrington an, die für ihn einen gesicherten Lebensabend bedeutete. Er verließ nur widerwillig den Heimatort, baute sich in Torrington einen neuen Stall und kaufte zwei gute Pferde. Aber noch bevor er einziehen konnte, brannte das gesamte Anwesen nieder, die Pferde und zwei Terrier kamen im Feuer um.

Nach einem erfolglosen Kuraufenthalt in East Austly unterbrach er seine Heimreise in Swymbridge, wo ihm die ganze herzliche Zuneigung seiner alten Gemeinde zuteil wurde. Er wurde schwer krank, aber seine Robustheit und die Anteilnahme seiner Freunde hielten ihn bis zum Ende der Saison 1882/83 am Leben, die er vom Bette aus interessiert verfolgte. Er starb im April 1883 und wurde auf dem alten Friedhof von Swymbridge beigesetzt. Zu seinem Begräbnis kamen etwa tausend Leute, und man erzählte, daß der Sarg von einem Blumenmeer bedeckt gewesen sei.

Die Zeit der Hochzucht

Als Geburtsstunde der Jack-Russell-Terrier wird im allgemeinen der Kauf der Hündin Trump durch den jungen Studenten der Theologie Jack Russell in Oxford bezeichnet. Damit begann Russells eigentliche Karriere als einer der bedeutendsten Terrierzüchter Englands.

Trump wurde die Stammutter jenes berühmten Terrierschlages, der – im Inland wie im Ausland – mit Russells Namen verbunden wird. In den folgenden Jahrzehnten war er eifrig bestrebt, einen ganz bestimmten Typ herauszuzüchten und genetisch zu fixieren.

Es scheint, daß dieser heute nur sehr selten angetroffen und oftmals gar nicht mehr als der typische Jack-Russell-Terrier erkannt wird. Keinesfalls waren seine Hunde im Gebäude Corgis oder Dackeln ähnlich, wie so viele der heutigen sogenannten Jack-Russell-Terrier.

Man kann annehmen, daß Russell sehr umsichtig und gewissenhaft an der Verbesserung des Foxterriers arbeitete. Als Züchter war er ein Meilenstein in der Geschichte des Foxterriers; als Händler von Hunden und Pferden ziemlich bedeutungslos, sieht man davon ab, daß er durch den Verkauf seiner Hunde bestes Blut auch in andere Zwinger des

Ein Gemälde der Hündin Trump

Landes brachte. Dem Züchter Russell war eine erstaunlich pragmatische, offene Zuchtpolitik eigen. Er suchte sein Zuchtmaterial nach der Fellzeichnung und der Arbeitsleistung aus, wobei er dem älteren, rauhhaarigen Schlag den Vorzug gab, aber ebenso glatthaarige Rüden wie Old Jock verwendete, wenn er diese Anpaarung für gut hielt.

Zu jenen Zeiten lag die Jagdterrierzucht in den Händen der passionierten Jäger, die entweder als Angestellte eines Jagdherren für dessen Meute sorgten oder selbst eine solche hielten, wie es auch Russell tat. Nachdem die Jagdeignung bis dahin der einzige Auslesefaktor gewesen war, hatten Farbe und Aussehen nur zweitrangige Bedeutung. Mit zunehmender Popularität der Parforce-Jagd wurde jedoch mehr Wert auf einheitliches Aussehen der Meute gelegt. Russells Terrier waren der weitaus bekannteste Schlag dieser frühen Foxterrier, die in der Fellzeichnung den Foxhounds glichen.

Entgegen der weitverbreiteten Annahme, daß Russell nur Hunde aus Devon und Cornwall zur Zucht verwendete, weil er mit dem modernen Foxterrier nicht einverstanden gewesen sein soll, ist erwiesen, daß er einige der besten Show-Foxterrier verwendete und diese durchaus für gut hielt. Man weiß, daß er Old Jock und Tartar zeitweise sogar in seinem Zwinger hatte und mehrere Hündinnen von ihnen belegen ließ. Mit der Hündin Juddy gelang ihm ein züchterischer Erfolg, der sich in der Begründung einer ganzen Dynastie, der berühmten Familie I, niederschlug. Über ihre Tochter Moss I und deren Tochter Moss II reicht reines Jack-Russell-Blut bis in die Foxterrier-Champions der späten zwanziger Jahre. Man kann sagen, daß direkt oder indirekt fast alle modernen Glatthaar-Foxterrier von echten Jack-Russell-Terriern abstammen.

Beleuchten wir nun die Arbeit einiger prominenter Terrierzüchter in der Zeit nach Russells Tod, die für sich beanspruchen, das Original-Blut erhalten zu haben.

Arthur Heinemann (1871 bis 1930) war ein bekannter Jäger, Terrierzüchter und Journalist. Er wurde in Sussex geboren, und man sagt, er sei in Eaton und Cambridge erzogen worden. Danach ging er für einige Zeit nach Südamerika, kehrte aber nach Hawkombe in Devon zurück, wo er in grandioser Art sein ererbtes Vermögen durchbrachte. Er war einer der Gründer des „Devon and Somerset Badger Clubs" (Devon und Somerset Dachsclubs), der später in „Parson Jack Russell-Club" umbenannt wurde. Seine Hundepflegerin war Miss Anne Rawle, eine

Verwandte von Will Rawle, der lange Zeit Jack Russells „kennelman" war. Sie übernahm nach Heinemanns Tod dessen Zucht und wurde damit weltweit bekannt. Sie exportierte ihre Terrier sogar nach Übersee.

Es existieren Originalaufnahmen von mehreren Hunden Heinemanns, und man muß leider feststellen, daß sie weder einen einheitlichen Zwingertyp darstellen noch Ähnlichkeit mit dem alten Rauhhaarfox aufweisen. Man darf Heinemann aber deshalb sein kynologisches Fachwissen nicht absprechen, denn in verschiedenen Publikationen zeigte er sich als ausgezeichneter Kenner von Jagdterriern und der Baujagd. Ob Anne Rawle nach seinem Tod das Zuchtziel änderte, ist unbekannt, aber anzunehmen. Es wird sogar behauptet, daß Heinemann nach Russells Tod dessen Terrier kaufte und mit ihnen weiterzüchtete. Heinemann war zu dieser Zeit elf (!) Jahre alt! Man darf bezweifeln, daß er in diesem Alter die Möglichkeit und die Absicht hatte, etwa vorhandene Terrier zu kaufen.

Alys Serrell, die man als Epigonin Jack Russells bezeichnen kann, schuf ein bleibendes literarisches Erbe in ihrem 1904 erschienenen Buch „With Hound and Terrier in the Field" (Mit Suchhund und Terrier auf der Jagd). Alys war die Tochter eines anderen jagenden Pfarrers des West-Countrys: des Reverend Digby Serrell, der auch Jack Russell persönlich kannte. Miss Serrell zeigte eine direkte und vernünftige Einstellung zum Terrier, sowohl was dessen Exterieur als auch seine Ausbildung und Zucht anging:

„Die Wurzel meiner Zucht war Redcap, ein 1880 geborener Glatthaarterrier mit einer derart unsicheren Abstammung, daß ich selbst ihn so ins Zuchtbuch eintragen ließ. Er gewann 1883 den ersten Preis in Barnstaple . . ."

Mit Redcap als Stammvater züchtete sie recht erfolgreich, ohne sich den Modeströmungen anzuschließen, die sie verurteilte. Die durchschnittlichen Show-Foxterrier beurteilte sie folgendermaßen: „Foxterrier mit Köpfen so lang und schmal, daß kein Platz für ein Gehirn bleibt. So hoch, daß sie in keinen Fuchs- oder Dachsbau können, ohne einen Krampf zu bekommen. Oder wieder so schmal, daß sie überhaupt keine Ausdauer haben!"

Ihre Vorstellungen vom idealen Foxterrier waren mit Verstand und Nüchternheit formuliert und in der Praxis erprobt. Sie strebte eine Verbindung von Schönheit und Funktion an, die Jack Russells Ideal wohl am nächsten kam.

Dieses Gemälde entstand 1899. Damals wurde noch nicht zwischen Fox- und Jack-Russell-Terrier unterschieden

Redcaps Nachfolger fand sie schließlich in dem berühmten Rüden Sharper. Es ist bezeichnend, daß sie einen Show-Hund, der jedoch überlegene Klasse und ein hervorragendes Pedigree hatte, akzeptierte, wie es schon Jack Russell vor ihr getan hatte.

Sharper wurde zum Arbeitshund umfunktioniert, lebte und jagte bis zu seinem Tode 1899 mit Alys Serrell. Er hatte nachhaltigen Einfluß auf die Zucht, ging er doch auf den durchgezüchteten Stamm Russells zurück.

Der beste Terrierkenner der neueren Zeit dürfte wohl David Brian Plummer sein, der nicht zuletzt als Autor der Standardwerke „The Complete Jack-Russell-Terrier" und „The Working Terrier" bekannt wurde. Plummer lebt in Südengland und hat inzwischen die Zucht von Jack Russells und auch die Jagd mit ihnen, die er über einige Jahrzehnte betrieb, aufgegeben.

In seiner Glanzzeit hielt er eine beträchtliche Anzahl von Terriern, teils zur Zucht, meist jedoch zum Abrichten. Er bejagte so ziemlich jedes geeignete Tier, seine Hauptbeute stellten aber Ratte, Fuchs und Dachs dar.

Plummer ist ein nüchterner, pragmatischer Mensch, der die Dinge beim Namen nennt. Er ist überzeugt, daß Parson Russell mehr oder weniger ein Hundehändler war und der gleichnamige Terrier ein Mischling ist, der eine gewisse Gleichförmigkeit erlangt hat. Obwohl für jagdliche Zwecke höchst brauchbar, hält er ihn für nicht besonders reaktionsstark. Man kann Plummer wohl zu Recht als den erfahrensten

Terriermann Englands, wenn nicht der Welt, bezeichnen, und seine Bücher sind wertvolle Anleitungen.

Aus der Vielzahl seiner Hunde sei Vampire herausgegriffen, ein eher kleiner, bulliger Rüde, der auch als Deckrüde recht erfolgreich war. Besonders erwähnenswert ist sein Rekord von über einer Tonne erbeuteter Ratten allein im Jahre 1977.

Plummer dürfte es sich bei seiner Analyse der Herkunft des Jack-Russells dennoch etwas zu leicht gemacht haben. In seinem Buch „Fox Terrier Breeding" schrieb Pfarrer Rosslyn Bruce 1931: „Aufzeichnungen einer systematischen Zucht des modernen Foxterriers können nur bis 1862 zurückverfolgt werden. In diesem Jahr züchtete Pfarrer Handley die Hündin Sting, die Mutter von Grove Nettle. Zur selben Zeit züchtete Lord Huntly Venom, die Mutter Tricksleys, und Pfarrer Russell züchtete etwas später die rauhhaarige Hündin Juddy, die Mutter von Moss I.

Von diesen drei Stammüttern lassen sich fast alle Familien der großen Foxterrier-Champions der 20er und 30er Jahre ableiten. Juddy (oder Judy) begründete Familie 1, auf sie gehen viele Glatthaar-Foxterrier zurück."

„Familie 1 stammt mütterlicherseits von Moss I ab, einer Tochter der rauhhaarigen Juddy Jack Russells. Die Familie erlangte bald Berühmtheit, da Moss II den großen Brockenhurst Rally brachte, der neben dem Champion Raffle auch Großvater von Result und Regent war, Säulen der Familie 1.

Man muß bedenken, daß alle Glatthaar-Foxterrier von denen des alten Sportlers und Pfarrers abstammen, allerdings nur einige in direkter Linie – diese sind als Familie 1 bekannt, die einige der besten Terrier umfaßt, die je gelebt haben. . . . Jeder Terrier der Familie 1 ist darum ein Jack-Russell-Terrier. Diese Familie ist so gut, so gesund und sportlich, daß sie sicherlich als Blutlinie bestehen bleiben wird!"

Es ist augenscheinlich, daß zu allen Zeiten zwei Auffassungen existierten, wie ein Jagdterrier zu züchten sei, und daher sind auch die Theorien über Züchter und Rassen stets verschieden. Manche Züchter scheinen immer schon eine lockere Einstellung zur Reinzucht und Typverbesserung gehabt zu haben, während andere sich strikt an ihre Ideale hielten. Auf diese Weise kam der sehr unterschiedliche Ruf des Jack-Russell-Terriers zustande, der ja einerseits noch heute ein besserer Mischling, andererseits aber auch ein wirklich durchgezüchteter Hund sein kann.

Die Gegenwart

Unsere Terrier werden kaum mehr nach dem strengen Ausleseprinzip der Baujagd gezüchtet, sondern meist nach völlig anderen Gesichtspunkten. Terrier des Jack-Russell-Typs weisen einige Eigenschaften auf, die sie heute ebenso attraktiv machen wie zu Zeiten des alten Parson, allerdings für eine gänzlich andere Käuferschicht. Der Jack-Russell, egal ob er dem Ideal des Schöpfers der Rasse entspricht oder nicht, kann für sich den Titel des idealen modernen Familienhundes beanspruchen.

Besonders hervorzuheben ist sein munteres Wesen und seine Anpassungsfähigkeit. Ein Russell nimmt nichts übel, ist „immer dabei" und in jeder Situation ein angenehmer Begleiter. Er will aber auch beachtet werden, steht gerne im Mittelpunkt und braucht ständige Zuwendung. Vernachlässigt man ihn konsequent, so wird er entweder böse oder lästig.

Jack-Russells kann man nicht in eine Ecke setzen oder stundenlang einsperren, man muß ihnen einen festen Platz im Leben einräumen und sie als Partner akzeptieren.

Als nachteilig empfindet man oft das überschäumende Temperament, das vielen Terriern eigen ist, sicherlich sind diese Rassen nicht als Begleiter für nervöse, ungeduldige Menschen geeignet.

Sehr beliebt sind Russells in naturnahen Kreisen, vor allem bei Reitern und Jägern. Früher gehörten Foxterrier zur Grundausstattung eines jeden Pferdestalles, und mit der betonten Anglophilie in europäischen Reiterkreisen erlangten die Stallfoxln bei uns große Beliebtheit. Tatsächlich gab es schon zu Zeiten, als Foxterrier und Jack-Russells noch identisch waren, also etwa um 1880, gute Zwinger in Österreich und Deutschland. Die Gräfin Lazzarini hatte in Graz eine blühende Zucht, aus der etliche Sieger hervorgingen.

Durch den Aufschwung der Reiterei seit den sechziger Jahren unseres Jahrhunderts gelangten wieder viele Pferde nebst Stallpersonal und den unvermeidlichen Jack-Russells aus England zu uns. Internationale Turnierreiter brachten die charmanten Hunde als Souvenir von ihren Reisen aus dem angelsächsischen Raum mit auf den Kontinent, wo sie natürlich sofort alle Herzen im Sturm eroberten und der Ruf nach mehr laut wurde.

Inzwischen sind Russells auf jedem Turnierplatz zu Hause und aus den meisten Ställen nicht mehr wegzudenken. Sie gehören als Maskottchen zum Troß vieler bekannter Persönlichkeiten aus dem Turniersport und genießen das unstete Zigeunerleben sichtlich. Zu Pferden haben sie eine natürliche Affinität, der Umgang mit ihnen liegt dieser Rasse im Blut. Nicht selten führen sie Pferde am Strick auf die Weide, sorgfältig bedacht, nicht getreten zu werden.

Charakterlich sind Russells meist recht einfach, solange sie beschäftigt werden und eine liebevolle, aber starke Hand spüren. Allerdings sind sie Fremden gegenüber oft mißtrauisch, geben sich knurrig und unnahbar, aber meist schmilzt das Eis rasch und weicht der angeborenen Freundlichkeit. Dennoch sind sie recht gute Wachhunde, die laut und ausgiebig melden, ohne wirklich scharf zu sein. Unangenehm wird die Meldefreudigkeit, wenn sie zur ungezügelten Kläfferei ausartet, was bei so lebhaften Hunden schon vorkommt.

Jessy, eine korrekte Glatthaar-Hündin; V.: Gerry v. Marquardtstein, M.: Jolly v. Marquardtstein; Schulterhöhe 35 cm (Z.: Schreiber, Bes.: J. Kraus)

„Komm, laß uns eine Runde drehen!" – Malepartus Comte; V.: Foxwarren Digger, BP, M.: Elisse of Heartest, BP, JEP, ZP (Z.: Behmann, Bes.: von Weichs)

Mitunter ist es schwer, sich gegen den sturen Terrierschädel durchzusetzen, es bedarf einigen Fingerspitzengefühls, den richtigen Weg zwischen Härte und Güte zu finden. Auf jeden Fall sollte man an einem gutgeführten Abrichtekurs für Gebrauchshunde teilnehmen, und zwar solange der Hund noch jung ist.

Russells nützen die Schwächen ihrer Besitzer gnadenlos aus, sie können fürchterlich hartnäckig in der Ausübung ihrer Unarten sein. Obwohl der Russell ein robuster Sporthund ist, neigt man dazu, ihn zu verzärteln, weil er klein und herzig ist. Zärtlichkeit hat noch keinem Hund geschadet, doch darf darüber nicht die gerechte, konsequente Erziehung vernachlässigt werden, ohne die es nun mal nicht geht. Nichts ist lästiger, ja abstoßender, als ein völlig verzogener kleiner Hund, der sich unter dem wohlwollenden Lächeln seines hilflosen Herrchens unmöglich benimmt und jedermann auf die Nerven geht!

Das Aussehen (Exterieur)

Der Jack-Russell soll im echten Terrier-Typ stehen, das heißt, er soll von seinen körperlichen und charakterlichen Merkmalen her geeignet sein, Arbeit in einem Fuchs- oder Dachsbau zu leisten. Als jagende Terrier kommen somit nur kleine bis schwach mittelgroße Hunde in Frage, die zudem über genügend Mut, Schärfe und Ausdauer verfügen müssen. Der jagdlich bewährte Terrier erfüllt in seinen guten und besten Exemplaren diese Anforderung geradezu optimal. Darüber hinaus sollte er sich durch Wesen, Physiognomie und Körperbau als typischer Terrier, besser noch als typischer Vertreter seiner Rasse ausweisen. Hände weg von einem „Beinahe-Jack-Russell" oder einem Tier mit Merkmalen einer anderen Rasse, wenn man erfolgreich züchten will.

Die Standards, so in den einzelnen Zuchtländern überhaupt vorhanden, sind meist sehr oberflächlich und geben kaum Aufschluß darüber, wie das Ideal wirklich auszusehen hat.

Tramp, ein kräftiger englischer Arbeitsterrier

Der Kopf

Er darf weder zu groß noch zu leicht sein, wobei ersteres der häufigere Fehler ist. Viele Russells sind stark kopflastig, wie wirken fast hydrocephaloid – wasserköpfig! Meist sind solche Hunde auch langrumpfig und krummbeinig und geben daher ein Zerrbild dessen ab, was der alte Parson vor Augen hatte. Bei ausgesprochen mittlerer Größe hat der Kopf extrem trocken zu sein, soll wie gemeißelt wirken. Der Gesichtsschädel ist rund und kräftig bemuskelt, der Fang tief und breit und gleich lang wie der Schädel oder eine Idee länger – und verjüngt sich zur Schnauze hin. Diese ist gut ausgebildet und im Idealfall schwarz. Ein dunkles, mandelförmiges Auge, das nicht stark aus dem Schädel hervortritt, ist am besten. Der Stop sollte nicht scharf ausgeprägt sein.

Die Ohren sind oft Gegenstand von Meinungsverschiedenheiten. Ideal sind echte Terrierohren, tief angesetzt und gekippt, so den Gehörgang verdeckend und damit schützend. Manchmal kommen allerdings ziemlich hoch angesetzte Semi-Kippohren vor, die zwar

Der ausdrucksvolle Kopf des Rüden Spot

ihren Träger nicht als Arbeitsterrier entwerten, aber gewisse Zweifel bezüglich seiner Abstammung aufkommen lassen. Hier drängen sich Bullterrier- oder sogar Corgi-Ahnen auf, und man wird gut daran tun, solche Tiere nur unter Vorbehalt zur Zucht zu verwenden!

Beachtung verdient auch das Gebiß! In England, wo man viel pragmatischer als bei uns ist, wird zwar äußerster Wert auf ein korrektes Scherengebiß gelegt, aber der Vollzahnigkeit fällt nicht Bedeutung zu wie bei uns auf dem Kontinent. Ich möchte zwar dem Zahnverlust keine Lanze brechen, würde aber wegen eines geringgradigen Verlustes der Prämolaren (z. B. P 1) ein im übrigen ausgezeichnetes Tier nicht von der Zucht ausschließen. Man sollte allerdings die Nachkommen daraufhin beobachten, ob sich der Verlust vererbt oder gar noch verstärkt, um rechtzeitig auf Gegenmaßnahmen bedacht sein zu können.

Der Hals

Er soll vor allem lang und kräftig genug sein – das ist ein Imperativ! Kurze, plumpe oder zu dünne Hälse sind abzulehnen. Als Richtlinie gilt die Fähigkeit des Hundes, im Liegen mit dem Fang über seine eigenen Vorderpfoten hinauszureichen. Diese Fähigkeit darf aber nicht durch zu kurze Läufe erreicht werden!

Die Schulter und die Brust

Vorweg sei mit dem Irrtum aufgeräumt, daß Terrier eine breite Brust haben sollen! Dies ist ebenso falsch wie die Forderung nach kurzen Beinen. Für die alten Kampfrassen wie Bullterrier oder Staffordshire-Terrier mag dies zutreffen, aber diese Hunde haben trotz ihres Namens nicht mit der Baujagd zu tun, die der Maßstab für echte Terrier ist!

Wenn also jemand voller Stolz auf die breite Brust seines Russells hinweist, entlarvt er sich als Amateur. Um in einem engen, gewundenen Gang beweglich zu sein, muß ein Erdhund verhältnismäßig schmal sein, ohne dabei ausgesprochen dürftig zu wirken. Der Brustkorb sollte vielmehr tief sein und weit nach hinten reichen, um der Lunge möglichst viel Platz zu geben. Als Faustregel gilt, daß man den idealen Brustkorb mit zwei Händen umspannen kann.

Wichtig ist eine bewegliche, gut gelagerte Schulter. Sie wird lang und schräg gewünscht, um den Vorderbeinen einen großen Bewegungsradius zu geben. In diesem Zusammenhang sind auch freie Ellbogen

Rednock Iron Topper, WT, JEP, BP – ein Spitzenrüde deutscher Zucht; V.: Dealer, M.: Patch (Rednock), BP; Schulterhöhe 35 cm (Z. und Bes.: Chr. Lindenberg-Beste)

solchen vorzuziehen, die am Rumpf angeklebt erscheinen. Große Ellbogenfreiheit erweckt allerdings wegen der dadurch lockeren Schultern oft einen breitbrüstigen Eindruck.

Der Rumpf

Das Verhältnis der Körperteile zueinander soll harmonisch sein. Der korrekte Rumpf ist bei leicht abfallender Rückenlinie mittellang, schmal und tief. Der Rücken muß kräftig und trocken sein, die langen Muskeln müssen als dicke Stränge fühlbar sein. Eine leichte Aufwölbung der Rückenlinie ist nicht bedenklich, zu verwerfen ist ein Senkrücken. Der Hund soll weder aufgeschürzt noch dickbäuchig erscheinen. Beides kann unter Umständen durch einen Ernährungsfehler hervorgerufen werden und ist in diesem Falle korrigierbar.

Die Kruppe des Hundes wird, ähnlich wie die eines guten Rennpferdes, lang, leicht abfallend und kräftig gewünscht. Hier sitzt der Motor des Hundes, von hier geht die Kraft aus, sowohl zum schnellen Laufen als als auch zum Robben in einem Bau, denn in beiden Fällen schiebt oder stößt sich der Hund mit den Hinterläufen vorwärts. Die Rute wird beim Russell meist aufrecht getragen und wird auf vier bis fünf Glieder kupiert.

Keinesfalls darf sie, wie dies leider auf dem Kontinent getan wird, auf zwei bis drei Glieder gestutzt werden! Dies ist nicht nur häßlich, weil die Symmetrie und Balance des Hundes gestört werden, sondern auch unpraktisch. Die Rute eines Terriers ist nämlich ein Haltegriff.

Wenn ein Hund sich nicht aus einem Bau befreien kann, so muß man ihn am Schwanz herausziehen können! Man probiere das mit einem Stummelschwänzchen . . . Daher die alte Faustregel: Beim ausgewachsenen Hund soll die Länge der Rute der Breite einer Männerfaust entsprechen. Machen Sie den Tierarzt vor dem Kupieren darauf aufmerksam!

Die Läufe

Es gibt heftige Diskussionen darüber, wie der Originaltyp des Jack-Russell-Terriers ausgesehen haben mag. Hier sei noch einmal festgehalten, daß Pfarrer Russell von seinen Terriern verlangte, eine Fuchsjagd zumindest teilweise mit der Foxhound-Meute zu laufen. Ich wage zu bezweifeln, daß ein Hund von halber Größe eines „hound" auch nur annähernd mithalten konnte, wenn er nicht ein hervorragendes Fundament und eine Läuferstatur hat.

Der Begriff „gerade" ist auf Terrierläufe wohl nur bedingt anzuwenden. Wenige Rassen weisen absolut gerade Vorderläufe auf. Eine geringgradige Biegung der Unterarme als terriertypisches Merkmal kann nicht von der Hand gewiesen werden, doch die Betonung liegt auf gering. Sehr wichtig ist auch die Form und Qualität der Pfoten, die man geschlossen, mit kräftigen Zehen und großen schnellwüchsigen Krallen wünscht. Wolfskrallen an den Vorderläufen sind nicht relevant, an den Hinterläufen sollten sie auf jeden Fall am zweiten Tag nach der Geburt entfernt werden.

Das Fell

Es gab schon lange vor dem Russell rauh- und glatthaarige Terrierschläge in England. Auch diese Rasse kommt in beiden Formen vor. Es gibt auch eine Zwischenform, die man im Englischen als brokencoated bezeichnet, was soviel wie drahthaarig bedeutet. Das Haarkleid muß in jedem Fall hart, dicht und elastisch sein, denn das Fell sämtlicher Varianten soll echten Schutz vor Wind, Nässe, Schmutz und Verletzungen bieten.

Farbe und Abzeichen variieren sehr stark. Das angestrebte Ideal ist ein weißer Hund mit dreifarbigem Kopf – Weiß, Schwarz und Hellbraun – und einigen wenigen Abzeichen am Rumpf.

Andere häufige Farbkombinationen sind Weiß-Braun und Weiß-Schwarz.

Spot in Totalaufnahme: glatthaarig und stark gezeichnet

Hin und wieder kommen gänzlich hellbraune Tiere vor, die diese unerwünschte Eigenschaft auch vererben. Ich bin der Ansicht, daß die stark gezeichneten tricoloren Tiere viel Beagleblut führen, die gänzlich hellbraunen hingegen entweder Corgi- oder Northern-Terrier-Blut in ihren Adern haben. Eine weitere Erklärung könnte ein genetischer Rückschlag auf den frühen „Black-and-Tan-Terrier" sein, der möglicherweise auch zu den Vorfahren der Rasse zählt.

Starke farbliche Abweichungen vom tri- oder bicoloren Ideal sind immer ein verläßlicher Hinweis auf eine relativ kurz zurückliegende Fremdblutzufuhr und sollten im Hinblick auf die Zucht mit Vorsicht behandelt werden, denn neben der Farbe und Zeichnung können natürlich auch andere unerwünschte Merkmale wieder durchbrechen.

Die Jagd

Jagdliches Führen

Erfreulicherweise ist für einen Terrier mit einem guten Schuß Schärfe und Instinkt das Erlernen seiner jagdlichen Aufgaben nicht schwer. Weitaus mehr Geduld wird man aufwenden müssen, um ihm vorerst die Grundregeln des Anstandes beizubringen.

Beim Russell sind Schärfe, Härte und Grabfreudigkeit ererbte Anlagen, wodurch viele Jäger zu der falschen Annahme verleitet werden, daß dies die Garantie und einzige Voraussetzung für erfolgreiche Baujagd sei. Ganz im Gegenteil, das regielose Bejagen von Fuchs und Dachs ist eine häßliche, brutale und gefährliche Sache, die den Ausführenden zum „blutigen Amateur" stempelt.

Man muß seinem Hund, der bei keiner anderen Jagdart so sehr auf sich allein gestellt ist wie im Bau, jede erdenkliche Chance geben, seine angeborenen Fähigkeiten zu entwickeln, bevor ihm ein Dachs mit einem Biß das Leben nehmen kann!

Als Trockentraining bietet sich hier vorerst der einfache Kunstbau an. Jedermann kann sich sehr leicht einen einfachen Kunstbau selbst herstellen. Man braucht dazu nur einige Betonrohre von etwa 20 cm Durchmesser und einen Kessel von etwa 50 cm Durchmesser, in den die künstlichen Röhren einmünden.

Eine zweite Variante ist der ausgehobene Graben, dessen Wände man stabilisiert und den man mit schweren Brettern oder Steinplatten abdeckt.

In beide Kunstbaue wird ein junger Terrier gerne einfahren, besonders wenn im Kessel eine Belohnung auf ihn wartet. Der Hund soll die Bauarbeit mit einem angenehmen Erlebnis verbinden. Etwa mit dem sechsten Lebensmonat sollte der Jagdhund seine Scheu vor Enge und Dunkelheit abgelegt haben.

Mit etwa einem Jahr ist für den Junghund die Zeit gekommen, mit der lebenden Beute, dem „real McCoy", Bekanntschaft zu machen. Es ist günstig, den Welpen Bälge zum Spielen in den Zwinger zu geben, damit sie ihre Schärfe auf pelzige Beute entwickeln können. Behalten

*Ein englischer Terrier-
Man mit seinem Team*

wir vor Augen, daß die Einarbeitung eines Jagdhundes in Etappen erfolgt und daß sich ihr Ablauf je nach Reife des Hundes über Jahre erstrecken kann. Nur so ist ein steter Fortschritt gewährleistet, der zu einer optimalen Ausbildung führt.

Beutetiere des Terriers

Die Ratte

Terrier, die auf dem Land aufwachsen, werden meist ganz von selbst zu tollen Rattenfängern. Auf ihren Streifzügen begegnen sie Ratten, verfolgen sie, und irgendwann fangen und töten sie eine. Schon ist der Jagdeifer da, und bald kommen Erfahrung und Geschicklichkeit dazu! Rattenbisse sind unvermeidlich und leider auch sehr unangenehm, da sich die Fangzähne der Ratten auseinanderspreizen, wenn sie zubeißt. Die Beißkraft dieser Nager ist unverhältnismäßig groß, und Rattenbisse eitern immer. Der Schmutz und die Bakterien an Ratten selbst oder in ihrer Umgebung sind ideale Nährböden für Krankheiten.

Ist ein Terrier gebissen worden, sollte man die Wunden sofort mit einem starken Desinfektionsmittel und einem Wundpuder behandeln. Oxytetracyclin wird in Tabletten- oder Spritzenform verabreicht, es ist ein moderner Nachfolger des Penicillins und hochwirksam.

Verlassen wir nun die Ratte, nicht ohne noch zu erwähnen, daß sie die ideale Beute für einen jungen Jagdhund ist, weil sie seine Reaktion und Kampftechnik schärft für die formidablen Gegner Fuchs und Dachs.

Der Fuchs

Der Fuchs ist wohl die Königsbeute für den Terrier. Tatsächlich ist er ein äußerst nützliches Tier, eine Gesundheitspolizei des Waldes, vertilgt er doch Aas und schwache und kranke Kleintiere. Füchse sind unsere letzten Wildhunde, nachdem der Wolf in unseren Breiten nicht mehr geduldet wurde. Es besteht kein Zweifel, daß sich der Fuchs besser in unserer modernen Umwelt zurechtfindet, als man meint. Die Müllhalden der Städte, die Parkanlagen und Vorstadtgärten sind inzwischen ebenso sein Zuhause wie Wald und Feld.

„Ein junger Terrier ist bereit, auf Fuchs zu gehen, wann er will!" Diese Aussage Plummers in seinem Buch „The Working Terrier" beruft sich auf eigene Erfahrungen mit vielen hundert Arbeitsterriern

Der pfiffige Ausdruck verrät den gewitzten Terrier

sowie auf die anderer Fachleute. Sam Towers vom Atherstone Hunt findet einen Zusammenhang zwischen Jagdtrieb und sexueller Reife. Er läßt Hündinnen erst nach der ersten Hitze in einen Bau.

Charlie Lewis, ein bekannter Züchter, läßt seine Terrier bis zum zweiten Lebensjahr nur Ratten jagen und erst danach Füchse. Aus vielen ähnlichen Aussagen läßt sich der Schluß ziehen, daß fast jeder Terrier irgendwann anfängt, gut zu arbeiten, wenn man ihn den Zeitpunkt selbst wählen läßt! Plummers Motto lautet: „Es gibt keine schlechten Terrier, nur schlechte Terrier-Trainer!"

Russell selbst verabscheute jeden harten Hund, kein einziger seiner Terrier würde einen Fuchs ernsthaft angegriffen haben. Jagdlust darf nicht mit Dummheit verwechselt werden, ein Hund muß seine Grenzen kennen, um sich nicht selbst aufzureiben. Genau das geschieht aber, läßt man einen Junghund zu früh an schwere Beute.

Der junge, aggressive Hund will natürlich in seinem Eifer den Gegner möglichst rasch bezwingen und behält diese Gewohnheit später auch bei, wenn er nicht daran gehindert wird. Absolute Ruhe und Disziplin sind bei den ersten Begegnungen nötig, es darf zu keinen ungewollten Streß-Situationen für den Hund kommen.

Abschluß einer durch die Terrier erfolgreich verlaufenen Jagd

Am besten ist es natürlich, den Hund im Kunstbau mit einem alten Baufuchs bekannt zu machen. Diese Füchse, deren es leider zu wenige gibt, sind erfahren und gewitzt, und ein Junghund kann von ihnen viel Fuchs-Psychologie lernen.

Bruno Hespeler, erfahrener Jäger und Autor von „Die Baujagd", meint dazu: „Etwas Arbeit soll der Junghund schon genossen haben, ehe wir in den Schliefenbau gehen. Was er und wir dort lernen sollen, ist Technik. Wenn auch ein Hund am Kunstbau einen recht schneidigen Eindruck erweckt, sollte man doch behutsam vorgehen. Die Arbeit am nie absolut dunklen Kunstbau, der auch in der Konstruktion harmlos ist, ist leicht. Andererseits wirft auch ein mäßiger scharfer Jagdhund eher zehn wilde Füchse aus dem Naturbau als einen abgebrühten Schliefenfuchs aus seinem Kessel!"

Die Arbeit im künstlichen Bau läuft nach einem bestimmten Schema ab. Der Hund soll den Bau absuchen, die Hindernisse überwinden und schließlich dauernd verbellend vor dem Kesselschieber liegen. In der zweiten Stufe wird dann dem Fuchs die Möglichkeit gegeben, in eine andere Röhre zu fliehen, der Hund soll verfolgen und wieder stellen. Dritte Stufe und Ziel der Arbeit: Der Hund findet mehrmals, verbellt mehrmals, und endlich wird der trennende Schieber geöffnet, Hund und Fuchs liegen gegenüber, der Hund soll lautgebend vorliegen, ohne zu attackieren.

Hat man keinen Kunstbau zur Verfügung, so empfiehlt es sich, den jungen Terrier öfter zu Baujagden mitzunehmen, wo er erfahrene Hunde beobachten kann! Einmal wird er einen Fuchs antreffen und mit Glück nicht in einen schweren Kampf verwickelt werden. Auf jeden Fall muß man den Fuchs ausgraben und töten und den Terrier mit dem erlegten Wild spielen lassen. Dann war er beim „kill" dabei und steckt in Zukunft mehr ein. Besonders wichtig ist es, dem Hund rechtzeitig beizubringen, auf Kommando den Bau zu verlassen. Es gibt nichts Dümmeres, als bei kaltem Winterwetter drei Tage lang nach einem Hund zu graben!

Der Dachs

Der Dachs hat zwei hervorstechende Eigenschaften, die für den Terrier-Mann von Bedeutung sind: Er ist ein unbezwingbarer Kämpfer und ein genialer Bautengräber. Als Mitglied der Marderfamilie fällt er etwas aus der Reihe, ist eher phlegmatisch und vermeidet Streit, wo er kann.

Als größter heimischer Marder wirkt er, nicht zuletzt wegen seines gedrungenen Körperbaues und seiner Behäbigkeit, wie ein kleiner Bär. Bedrängt oder in die Enge getrieben, wird aus dem plumpen Grimbart eine fürchterliche Kampfmaschine. Aufgrund der dicken Schwarte und des dichten borstigen Fells ist er gegen Hundebisse fast immun. Seine Beißkraft ist legendär, tatsächlich sind seine Kiefer am Kopfschädel verankert, so daß ein Ausrenken fast unmöglich ist.

Der Dachs lebt dämmerungs- und nachtaktiv, tagsüber ruht er meist unter der Erde, und es ist fast unmöglich, ihn mit einem Hund zu sprengen, da er lieber kämpft oder sich noch tiefer eingräbt, als davonzulaufen.

Dachse sind wahrscheinlich die vielseitigsten, anpassungsfähigsten Marder, sie haben inzwischen schon die Randgebiete der Städte besiedelt, und als echte Allesfresser geraten sie nie in Hungersnot.

Ein guter Terrier für Dachsjagden muß vier Qualitäten haben:
1. Mut – aber nicht zuviel davon. Er soll zwar lange vorliegen, darf aber nicht nervös werden oder zu weit vor der Beute liegen. Auch darf er nicht aus Angst ein leeres Schlaflager verbellen. Keinesfalls darf er aber den „infight" mit Grimbart suchen. Harte Hunde, die sich verbeißen und daher nicht Laut geben, sind unbrauchbar. Kein Mensch hat etwas von einem Jagdhund, der dauernd seine Wunden auskurieren muß.
2. Eine gute Stimme – tiefes, rollendes Gebell wird beim Einschlag viel besser gehört als hysterisches Gekläffe. Dank des Beagle bringen viele Russells recht schöne Stimmen. Ein stummer Hund ist nutzlos, ebenso einer, der dauernd alles verbellt, ähnlich einem Kind, das im Wald laut singt, um die Angst zu vertreiben.
3. Er muß lange vorliegen. Plummer erzählt von einem Einschlag, der 29 Stunden dauerte, während der ganzen Zeit war eine alte Hündin im Bau. – Hunde, die alle paar Minuten auftauchen, um zu saufen oder Luft zu schnappen, ermöglichen dem Dachs, wieder in die Hauptröhre zu entwischen, und das Spiel beginnt von neuem.
4. Eine gute Nase – im Naturbau ist es, im Gegensatz zu manchem Kunstbau, total finster. In dieser stygischen Dunkelheit hat der Hund nur zwei Sinne zur Verfügung, die ihm helfen, seinen Weg zu finden: den Tastsinn und den Geruchssinn. Dachse verklüften sich gerne, das heißt, sie richten zwischen sich und dem Feind einen Erdwall auf. Ein guter Terrier muß die Beute auch durch loses, muffiges Erdreich orten können. Auch sollte er auf seiner eigenen Spur wieder aus dem Bau herausfinden.

Die Zucht

Moral

Was hat Moral mit Hundezucht zu tun? Eine ganze Menge, denn es gibt Hundezüchter, die quasi am Fließband Welpen produzieren, ohne sich Gedanken um Abstammung, Typ, optimale Aufzucht und seriöses Marketing zu machen. Die Resultate solcher Raubzucht sind nicht selten erbgeschädigte, kränkelnde, mittelklassige Tiere, ohne das, was der Engländer so treffend mit „quality" beschreibt.

In der Terrierzucht darf man, wie überhaupt in der Rassehundezucht, nicht bloß vermehren wollen, man sollte verbessern, ja sogar einen bestimmten Zwingertyp anstreben und genetisch fixieren. Die sorgfältige Wahl der Elterntiere ist Grundvoraussetzung für die erfolgreiche Zucht.

Wenn jemand sagt: „Ach, ich nehme einfach irgendeinen Rüden für meine Hündin, ich will ja nichts Besonderes, sie soll nur einmal Welpen haben!", so ist dies eine Einstellung, die in der Hundezucht rundweg abzulehnen ist.

Ein irischer Welpe mit seinem stolzen Besitzer

Wer sich Züchter nennen will, der muß sich diese Bezeichnung verdienen durch Umsichtigkeit, Fachwissen und das Bestreben, das Beste für die Rasse zu tun!

Wer nicht die nötigen Voraussetzungen für die erfolgreiche Zucht zu schaffen in der Lage ist, sollte die Finger davon lassen. Tut er es nicht, schadet er der Rasse und seinem Geldbeutel, weil er seine Produkte nur mit Verlust wird verkaufen können.

Praxis

Jeder angehende Züchter sollte:
1. sich durch Lektüre der einschlägigen Fachliteratur, Gespräche mit Züchtern und Zuchtwarten und den Besuch von Hundeausstellungen etc. so gut wie möglich über alle Aspekte der Zucht informieren.
2. Immer den Standard der Rasse vor Augen haben! Es hat keinen Sinn, wunderschöne Terrier zu züchten, die nie Papiere bekommen, weil sie um zehn Zentimeter zu hoch sind oder tiefschwarz.
3. Einen Zwingertyp anstreben! Innerhalb des Standards ist genug Spielraum gegeben, um der persönlichen Vorliebe für einen solchen Typ gerecht zu werden. Hat man sich für einen Typ entschieden, sollte man unbedingt versuchen, diesen zu reproduzieren und genetisch so zu festigen, daß letztendlich alle Hunde einer Zucht unverwechselbar in diesem Typ stehen. Ein Wort der Warnung – es kann Jahre dauern, bis sich aus dem gut zusammengestellten Grundstock ein bestimmter Zwingertyp manifestiert.
4. Sorgfalt bei der Auswahl der Elterntiere walten lassen und ein gewisses „feeling" für passende Anpaarungen zu erlangen suchen. Manche Züchter haben das „Auge", andere bekommen es nie. Man darf nie den Irrtum begehen, einen Fehler mit einem weiteren ausgleichen zu wollen. Eine O-beinige Hündin wird mit einem X-beinigen Rüden keine Jungen mit geraden Läufen bringen, sondern einige O-beinige und einige X-beinige. Genaueres ist aus den „Mendelschen Gesetzen der Vererbung" abzuleiten, dem Pflichtwissen eines jeden Züchters. Fehler eines Elterntieres sind genetisch nur durch ein besonders korrektes zweites Elterntier zu mildern!
5. Wenn er die Nachzucht verkaufen will, seinen Zwingertyp möglichst nahe am allgemein gewünschten Ideal wählen. Exklusive Einzelexemplare lassen sich schwer an den Mann bringen, sofern sie

Rednock Make Believe mit 10 Wochen – ein vielversprechender Welpe; V.: Foxwarren Digger, BP, M.: Patch (Rednock), BP (Z. und B.: Chr. Lindenberg-Beste)

überhaupt dem Standard entsprechen. Es hat keinen Sinn, die Erfordernisse des Marktes zu mißachten!
6. Tiere, die offensichtliche Erbschäden, z. B. Kniescheibenluxation, Gebißfehler, Blindheit etc. vererben, sofort aus der Zucht eliminieren. Es ist nur selten nötig, solche Hunden einschläfern zu lassen, meist findet sich ein Tierfreund, der nicht züchten will und so einen Hund gerne als Haustier aufnimmt, falls man selbst nicht die Möglichkeit hat, ihn zu behalten.
7. Marketing ist wichtig – gute Werbung ist der halbe Verkauf. Inserate in einschlägigen Zeitschriften, vor allem auch in Pferde-Magazinen, rentieren sich meist sehr rasch. Kluge Züchter bieten ihre Welpen inklusive Abstammungspapier, Wurmkuren, Impfungen und Impfpaß, eventuell mit Haftpflichtversicherung, Beitritt zum Zuchtverband etc. an, sozusagen als gebrauchsfertiges Paket. Damit gibt man dem Käufer das Gefühl, für sein gutes Geld ein Maximum an Leistung zu erhalten, was ja auch stimmt.

Auswahl der Elterntiere

Grundsätzlich gibt es drei Methoden der Zuchtauswahl, die einem Züchter die Planung einer Paarung erleichtern: die Fremdpaarung (outcross), die Linienzucht (line-breeding) und die Inzucht (inbreeding).

Die Fremdpaarung ist eine Verbindung zweier Tiere, die in den fünf Generationen ihrer Pedigrees keine gemeinsamen Verwandten aufweisen. Solche Anpaarungen können sehr weit streuen, das heißt, die Nachkommen können eine ganze Reihe der verschiedensten Merkmale beider Elterntiere aufweisen. Züchter verwenden diese Methode besonders dann, wenn es gilt, einen Fehler in einer Linie auszumerzen oder eine neue Eigenschaft einzuführen. Wegen der unsicheren Vererbung und des Risikos, neue, andere Fehler in eine Linie einzubringen, sollten nur erfahrene Züchter mit genauer Kenntnis der Vererberqualitäten beider Elterntiere diese Technik anwenden.

Mit Linienzucht bezeichnet man eine Paarung zwischen Tieren, die einen geringen Verwandtschaftsgrad aufweisen, also etwa nur zwei oder gar drei Generationen zuvor gemeinsame Ahnen haben. Dadurch werden die gemeinsamen Merkmale verstärkt vererbt, wobei zu beachten ist, daß nur möglichst korrekte Tiere verwendet werden, da natürlich auch Fehler vermehrt an die Nachkommen weitergegeben werden. Die Linienzucht mit vererbungsstarken, gesunden und dem Standard entsprechenden Hunden verspricht den größten Erfolg.

Die Inzucht ist eine enge Verwandtenpaarung, also etwa Vater – Tochter, Mutter – Sohn oder Bruder – Schwester. Bei ihr treten die dominanten (überdeckenden) Merkmale mit großer Sicherheit verstärkt zutage, es können aber auch rezessive (verdeckte), mitunter unerwünschte Eigenschaften deutlicher hervortreten. Damit ist die Inzucht für den Amateurzüchter risikoreich, denn er wird erst über die Welpen das nötige Wissen über die rezessiven Mängel und Vererberqualitäten der Elterntiere erwerben können. Für eine erfolgreiche Inzucht-Paarung sollte man die Merkmale beider Tiere und deren Vererbungsmuster genauestens kennen.

Dem Hobbyzüchter wird eine nicht zu enge Linienzucht mit Tieren des korrekten Rassetyps und möglichst vielen positiven, gemeinsamen Merkmalen am besten gelingen!

Rednock Make Believe im Alter von 8 Monaten, Schulterhöhe 32 cm (siehe auch Seite 39)

Läufigkeit und Decken

Es ist mitunter sehr schwer, den optimalen Zeitpunkt für das Decken zu finden. Üblicherweise „steht" eine Hündin für den Rüden zwischen dem zehnten und 15. Tag nach dem Beginn der Läufigkeit. Dieser ist an der Unruhe der Hündin, dem beginnenden Ausfluß von blutiger Scheidenflüssigkeit und dem auffälligen Interesse anderer Hunde zu erkennen.

Die meisten Hündinnen kommen zweimal jährlich in Hitze, im Frühjahr und im Herbst. Zu dieser Zeit entwickeln manche von ihnen einen ungewohnten Wandertrieb, der Name Läufigkeit kommt nicht von ungefähr! Man muß besonders darauf achten, daß keine fremden, unerwünschten Rüden das Ziel ihrer Sehnsüchte erreichen und somit die gesamte Zuchtplanung über den Haufen werfen.

Welpensegen im Zwinger des Autors

Hat man sich vorbereitend für einen Rüden entschieden, der in der Regel nicht einem selbst gehört, so sind rechtzeitig alle Absprachen mit dem Besitzer zu treffen und schriftlich festzuhalten. Man muß sich über den Preis und die Möglichkeit einer Unterbringung der Hündin beim Rüden (eventuell auch umgekehrt) einigen und beim zuständigen Zuchtverband die vorgeschriebenen Formulare anfordern. Üblicherweise sind dies Deckschein und Wurfmeldung, die man später korrekt ausgefüllt und fristgerecht an den Verband zurückzuschicken hat.

Die natürlichste und sicherste Art der Paarung ist jene, bei der Rüde und Hündin in der Zeit der Hitze zusammenleben und sich ihrem Instinkt folgend dann paaren können, wenn die Zeit reif dafür ist. Viele Rüdenbesitzer werden nichts dagegen haben, entweder die Hündin für einige Tage bei sich aufzunehmen oder ihren Hund zwei, drei Tage bei der Hündin zu lassen. Wer weder Platz noch die Möglichkeit hat, den Rüden bei sich zu halten, der hat auch nicht die Voraussetzungen für eine Zucht und sollte die Finger davon lassen!

Beim Deckakt seien Hunde tunlichst ungestört, er ist weder besonders sehenswert noch gefährlich, und man kann die beiden Hauptakteure beruhigt sich selbst überlassen. Wichtig ist jedoch, gesehen zu haben, daß das Decken überhaupt stattfand, weil man sonst nicht genau weiß, ob Welpen zu erwarten sind oder nicht. Die Vereinigung dauert bei Hunden ungewöhnlich lange, da ein Schwellkörper im Penis des Rüden ein rasches Zurückziehen verhindert. Man mache sich also keine Sorgen, wenn Rüde und Hündin eng nebeneinander stehend zehn oder 20 Minuten hängen. Zuweilen machen Hündinnen bei der ersten Paarung gar keinen glücklichen Eindruck und versuchen sogar, dem hängenden Rüden davonzulaufen. Das ist durchaus normal, sollte aber keinesfalls durch einen ängstlichen Besitzer, der um seine Hündin bangt, gefördert werden. Ein Locken oder Rufen eines der beiden Hunde könnte sogar zu schweren Verletzungen führen.

Die trächtige Hündin

Hat der Deckvorgang geklappt und die Hündin sich nach einigen Tagen dem Rüden gegenüber gleichgültig, abweisend oder sogar leicht aggressiv gezeigt, so kann man annehmen, daß sie befruchtet worden ist. In der ersten Zeit wird man keine körperlichen Veränderungen feststellen können, eine deutliche Wölbung des Bauches tritt erst im letzten Drittel der rund zweimonatigen Trächtigkeit auf. Allerdings können schon nach etwa drei Wochen die Zitzen leicht anschwellen und sich rosa verfärben. Manche Hündinnen werden bald phlegmatisch und schlafen sehr viel, andere benehmen sich völlig normal und springen bis knapp vor der Geburt genauso lebhaft herum wie immer.

Das Bewegungsbedürfnis ist individuell verschieden und sollte keinesfalls eingeschränkt werden. Hunde sind Lauftiere, und ihre Vorfahren mußten in der freien Wildbahn knapp vor und nach dem Werfen genauso mobil sein wie immer. Durch Bewegungsmangel kann eine Hündin auch leicht zu fett werden, was sich nachteilig auf die Geburt auswirkt. Je fitter die Hündin, desto leichter wird sie werfen.

Die Fütterung braucht im ersten Monat nicht geändert zu werden, vorausgesetzt, man hält die Grundregeln einer vernünftigen Hundeernährung ein. Unnötiges Ballastfutter wie Süßigkeiten, Nudeln oder Brot sollte daher zugunsten eiweißreicher, hochwertiger Kost vermieden werden. Die Zufütterung einer speziellen Mineralstoffmischung ist empfehlenswert, auch etwas Futterkalk sei angeraten. Im zweiten Monat stellt man auf zwei kleinere Mahlzeiten täglich um und erhöht den Anteil eiweißreicher Futtermittel. Gekochtes Fleisch, gekochter Fisch, Quark, Gemüseflocken, Haferflocken und hin und wieder ein

Eigelb sowie etwas geriebenes Obst bilden die Futtermischung, die möglichst abwechslungsreich sein soll, um den Appetit zu erhalten.

Das Werfen

Jede Geburt ist ein besonderes Ereignis, auch wenn es für den erfahrenen Züchter zu einer gewissen Routine wird, jungen Hunden auf die Welt zu helfen. Vorweg sei gesagt, daß es bei Jack-Russell-Terriern kaum zu schweren Komplikationen kommt, so daß sich selten die Notwendigkeit ergibt einzugreifen.

Die Tragezeit der Hündin beträgt 62 Tage im Mittel, wobei Schwankungen von drei Tagen nach oben und unten durchaus normal sind. Werden die Welpen bis zu fünf Tage zu früh geboren, so haben sie noch alle Chancen durchzukommen und völlig normal aufzuwachsen. Bei extremen Frühgeburten sollte sofort der Tierarzt hinzugezogen werden. Sollte die Hündin länger als drei Tage übertragen und die Temperaturkontrolle kein nahendes Werfen anzeigen, so muß ebenfalls der Tierarzt beratend eingreifen, vielleicht gar die Wehen einleiten.

Allgemein läßt sich sagen, daß große Würfe oft früher fallen als kleine. Junge Hündinnen und Erstwerfende tendieren ebenfalls zu Frühgeburten.

Nun zur vorerwähnten Temperaturkontrolle: Die normale Körpertemperatur eines Hundes liegt um 38 °C. Innerhalb von 24 Stunden vor dem Werfen sinkt die Temperatur um etwa 1,5 °C – also auf etwa 36,5 °C. Darum ist die genaue und regelmäßige Temperaturkontrolle der sicherste Anzeiger des bevorstehenden Werfens. Das Thermometer sollte leicht eingefettet sein, um es leichter in den After des Tieres einführen zu können, die Hündin muß unter dem Bauch gestützt werden, damit sie sich nicht setzen kann. Spätestens drei Tage vor dem erwarteten Wurftermin wird die Hündin in den Wurfraum mit der Wurfkiste einquartiert. Sie sollte nun ruhiggehalten und mit der neuen Umgebung vertraut werden. Der Raum soll angenehm temperiert sein – etwa um 18 °C –, aber völlig zugfrei und gut belüftbar. Geeignet sind Wirtschaftsräume, ausgebaute Dachböden oder beheizbare Kellerräume.

Die Wurfkiste ist eine massive Holzkiste von geeigneter Größe – etwa eineinhalb Körperlängen im Quadrat. Sie muß auf Leisten oder Füßen stehen und darf nicht zu flach sein – gut wäre etwa die Schulter-

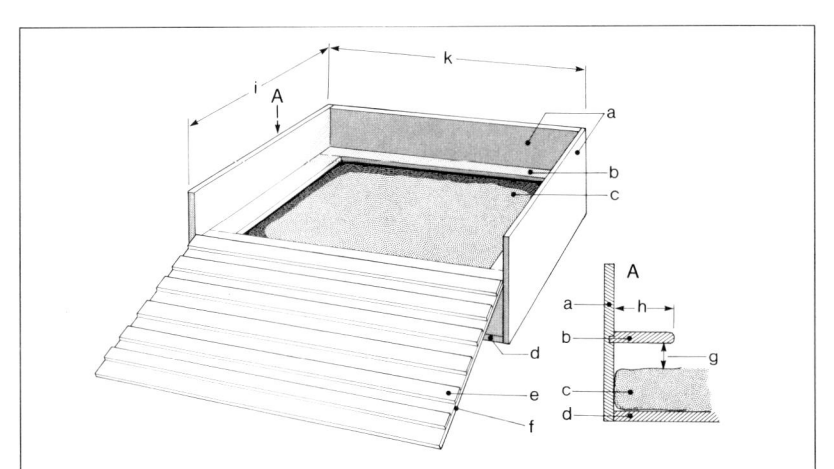

Modellzeichnung einer Wurfkiste. Ihre Ausmaße richten sich nach der Größe des Hundes, wobei die Länge (k) etwa der doppelten und die Breite (i) der anderthalbfachen Körperlänge entsprechen sollte: a Außenwände, b Abstandsleiste, die verhindert, daß die liegende Hündin unbeabsichtigt einen der Welpen einquetscht. Deshalb sollte der Abstand (g) zwischen b und der Polstermatte (c) etwas größer als der Körperdurchmesser eines Welpen sein (beachte Detailzeichnung A). Die Vorderwand ist niedrig. Die Welpen beginnen in der dritten Lebenswoche, aus der Kiste herauszukrabbeln; die mit Leisten griffiger gemachte Abstiegsfläche erleichtert dies und die Rückkehr

höhe der Mutterhündin. Ein Einstieg an einer Seite von etwa halber Höhe ist nötig – ebenso eine Wurfleiste, die innen rund um die Kistenwände läuft. Unter ihr können die Jungen nicht von der schlafenden Mutter erdrückt werden. Als Lager für die Hündin dient sauberes, gutes Stroh, das man leicht wechseln kann. Es ist warm, hygienisch, billig und leicht zu bekommen. Zur Not eignet sich auch eine dicke Lage Zeitungspapier. Für das Werfen hält man folgende Dinge bereit: ein medizinisches Desinfektionsmittel (Jod, Merfen), eine Schere, saubere Tücher, Papier und Bleistift, Zellstoff, alte Zeitungen, einen Nylonsack.

In der folgenden Schilderung des normalen Werfens wird die Verwendung dieser Dinge erklärt.

Der Geburtsvorgang kündigt sich durch den erwähnten Temperatursturz an. Kurz vor dem Einsetzen der eigentlichen Wehen wird die Hündin unruhig. Meistens beginnt sie zu scharren und zu kreiseln, wodurch im Lagerstroh ein regelrechtes Nest entsteht.

Unmittelbar vor dem Austreiben legt sich die Hündin hin und zeigt oft ein deutliches Versteifen des Schwanzes (bei kupierten Hunden leicht zu übersehen). Nun tritt aus der Scheide ein Junges oder eine Fruchtwasserblase aus. Jeder Welpe ist mit der Blase durch einen Nabelstrang verbunden, der sofort von der Mutter durchgebissen wird. Das Junge selbst befindet sich in einer zähen Eihülle, die die Hündin aufreißt und frißt.

Sollte die Hündin die Nabelschnur nicht durchtrennen können, so tritt unsere desinfizierte Schere in Aktion, mit der der Nabelstrang etwa drei Zentimeter von der Bauchdecke mit glattem Schnitt durchtrennt wird. Die Schnittstelle wird sofort mit einem Tupfer desinfiziert.

Manche Züchter lassen ihre Hündinnen weder die Nabelstränge durchbeißen noch die Eihüllen fressen, sondern entfernen diese durch vorsichtiges Aufreißen und Abstreifen selbst. Diese Reste wandern dann umgehend in den Nylonsack, um später beseitigt zu werden. Ich bin der Meinung, daß dem Instinkt der Hündin freier Lauf gelassen werden soll, die Natur weiß, was gut ist.

Ein ganzer Wurfakt kann zwischen einer und fünf Stunden dauern. Tritt eine Verzögerung auf, in deren Verlauf die Hündin sichtbare Anstrengungen unternimmt, ohne weitere Welpen werfen zu können, so rufe man besser sofort den Tierarzt. Manchmal bleiben zwei Junge so im Geburtskanal stecken, daß eines wieder ein Stück zurückbefördert werden muß. Auch Steißlagen kommen vor, die ebenfalls rasch zu regulieren sind, um das Leben der Hündin nicht zu gefährden.

Es kann (selten) vorkommen, daß eine Hündin sehr erschöpft ist und man ihr das Säubern der Welpen abnehmen muß. Man wischt die nassen Tierchen vorsichtig mit Zellstoff ab und legt sie dicht zusammen. Die Hündin soll ungestört weiterwerfen können. Haben alle Welpen das Licht der Welt erblickt, so läßt man die Mutter kurz ins Freie, wechselt die Einstreu, stellt eine Infrarot-Lampe oder einen Heizstrahler neben die Kiste und gibt der Hündin eine leichte, nahrhafte Mahlzeit, etwa Hundeflocken mit Hackfleisch.

Soweit die Bilderbuchdarstellung! Alle vorangegangenen Tips sind wohlgemeint und dürfen in keinem Hundebuch fehlen – aber die Realität sieht meist anders aus!

Oft kann der Amateurzüchter von Glück sagen, wenn er alle Vorbereitungen rechtzeitig getroffen hat und die Zeichen des nahenden Werfens auch richtig deutet. Gelingt es ihm, bei der Geburt dabeizu-

Die Geburt ist glatt verlaufen, Hündin Amy und ihre Welpen sind wohlauf

sein, ist das schon ein tolles Erlebnis – eine echte Hilfe im Notfall wird er nicht sein. Machen wir uns nichts vor – nur ein erfahrener Züchter wird erkennen, ob alles glatt läuft, wie lange die Wehenpausen sind und sein sollten, ob die Hündin Hilfe braucht oder nicht. Ich halte es für besser, eine beobachtende, unterstützende Rolle einzunehmen (Bereitstellen von Wasser, Wärme, Ruhe), als aktiv eingreifen zu wollen. Mutter Natur läßt sich nicht gerne ins Handwerk pfuschen.

Nach dem Werfen

Die Zeit unmittelbar nach dem Werfen ist für die Hündin beschwerlich und für die Jungen nicht ohne Risiko. Die Grundanforderungen der neuen Familie sind Wärme, gutes Futter, Ruhe und, falls nötig, ein erfahrener Tierarzt. Kurz seien die einzelnen Punkte besprochen:

Wärme: Bedeutet gleichmäßige Raumtemperatur um 18 bis 20 °C. Im Winter sollte nachts eine Infrarotlampe über der Wurfkiste montiert werden. Dabei ist unbedingt der Gebrauchsanleitung Folge zu leisten (Abstand, Brenndauer etc.). – Ich selbst halte die Idee, im Winter zu züchten, für hellen Wahnsinn!

Futter: Für die Hündin zwei bis drei große, hochwertige Mahlzeiten mit Kalk, Vitaminen sowie Obst. Täglich eine kleine Menge Lebertran, um die Innereien geschmeidig zu halten! Man sollte auch Milchersatz (Welpilac o. ä.) im Hause haben, es sind schon Hündinnen bei der Geburt eingegangen. Auch die Babyflasche mit Gumminuk nicht vergessen!

Ruhe: Die Hündin hat jetzt genug zu tun. Sie braucht etwa alle zwei Stunden ein paar Minuten im Freien, in dieser Zeit wird alles im Wochenzimmer gesäubert, die Jungen werden täglich kontrolliert und gewogen und alle Daten auf einer Tabelle eingetragen. Häufige Besuche, Kinderscharen und verzückte Tanten, die unter Gekreisch die Welpen abküssen, sind das Letzte, was sich die Hündin in den Tagen nach der Geburt wünscht.

Tierarzt: Bei den leisesten Anzeichen von Fieber, Zittern, Hecheln, steifen Gliedmaßen, glasigem Blick und dauerndem Fiepen sofort den Veterinär holen – lieber einmal zu oft als zu wenig! Ein grünlicher oder blutiger Ausfluß ist in der Woche nach der Geburt normal. Dauert es länger, bis er verschwindet, so ist ebenfalls der Arzt zu konsultieren.

Überhaupt ist es ratsam, am zweiten Tag die Hundefamilie untersuchen zu lassen, was in aller Ruhe zu geschehen hat. Jede auffällige Verhaltensänderung ist mit dem Fachmann zu besprechen.

Die Aufzucht

Die wirklichen Probleme beginnen zwar meist noch nicht unmittelbar mit der Geburt, sondern erst nach einiger Zeit, doch schon am zweiten Lebenstag ist das Kupieren der Schwänze vorzunehmen, eventuell auch das Entfernen der Wolfskrallen, sofern solche vorhanden sind. Kupieren ist eine Sache, die jedem Tierfreund zuwider ist, aber sie läßt sich leichter ertragen als der lebenslange Anblick eines unkupierten Terriers.

Ein Arbeitsterrier mit buschigem Ringelschwanz oder dünnem Rattenschwänzchen gehört zu den häßlichsten Dingen, die man sich vorstellen kann.

Am 14. Lebenstag sollten die Welpen das erste Mal entwurmt werden, dann etwa alle zwei Wochen bis zum Alter von zehn Wochen. Die Mutterhündin sollte ebenfalls zehn Tage vor dem Werfen und dann mit den Kleinen entwurmt werden. Die Larven der Würmer verharren sehr lange, oft bis zu mehreren Jahren, im Körper einer Hündin und werden durch hormonelle Einwirkung während der Hitze und der Tragzeit aktiviert. Dann wandern sie durch den Körper und infizieren auch die noch ungeborenen Welpen. Die meisten Hunde sind schon bei der Geburt Wirte von Spulwurmlarven, die ein bis zwei Wochen später bereits große Würmer sein können. Eine von Würmern befallene Hündin kann auf diese Art viele Male hintereinander ebenfalls infizierte Junge gebären oder sie durch die Muttermilch anstecken.

Übermäßiger Wurmbefall kann für die Junghunde tödlich sein! Daher kann die Wichtigkeit von regelmäßigen und ausreichenden Wurmkuren gar nicht genug betont werden. Verwurmung äußert sich bei den Welpen durch Husten, Nasenausfluß, Erbrechen, Durchfall, Verkrümmung und Bauchschmerzen.

Man sollte die Wurfleisten und Schlafplätze der Junghunde öfters mit starken Desinfektionsmitteln reinigen, allerdings sind nur phenol-, kresol- oder schwefelkohlenstoffhaltige Mittel wirksam.

Leider sind etwa 95 % aller Junghunde in Europa Wirte für Würmer, wie eine Studie festgestellt hat. Würmer sind aber auch für Menschen gefährlich oder zumindest sehr unangenehm, und äußerste Hygiene und regelmäßige Bekämpfung sind oberstes Gebot!

Zurück zur Entwicklung des Junghundes. Die Welpen sind bis zum Öffnen der Augen und Ohren recht hilflose Kreaturen und krabbeln hauptsächlich im Nest herum oder schlafen. Normalerweise öffnen sich Augen und Ohren am zehnten bis 14. Tag, ohne gleich ihre volle Funktion zu erlangen, die sich erst nach einigen Tagen einstellt. In den ersten drei Lebenswochen deckt die Milchproduktion der Mutter bei guter Haltung und Fütterung den Nahrungsbedarf der Welpen. Nach dieser Zeit sind diese auch körperlich imstande, Zusatznahrung in Breiform aus flachen Tellern aufzunehmen.

Gewarnt sei vor einer Überfütterung der Jungen! Bei extremer Gewichtszunahme wird die Nahrungsmenge der Mutter etwas reduziert, ohne die Qualität zu verringern, und die Jungen erhalten nur eine Zusatzmahlzeit. Reicht die Milch nicht aus, so muß die Hündin mehr und vor allem energie- und eiweißreiches Futter erhalten, und es muß auch früher mit dem Beifüttern der Welpen begonnen werden.

Ein gesunder Welpe blickt gelassen in die Welt!

Besonders wichtig ist die Qualität des Welpenfutters, das alle wichtigen Vitamine, Spurenelemente, Proteine und Fette in physiologisch richtiger Zusammensetzung enthalten muß! Wir verwenden in unserer Zucht mit gutem Erfolg folgende Futterzusätze:

Lebertran (Vitamin A, D), Hefeflocken (Vit.-B-Komplex), Futterkalk (Knochen), Murnil (Fell und Haut), Eier roh (Vit. A, B 12, E), Karotten, gerieben (Vit. A) und Olivenöl (1 TL).

Wichtig ist die frühe Gewöhnung der Hunde an eine gemischte Kost, die auch einen Anteil von Futterflocken, Haferflocken und Kleie enthält, ebenso Gemüse und Obst. Ein abwechslungsreicher Futterplan ist das einfachste Rezept für gierige Hunde. Gerade die Russells sind manchmal recht wählerisch, und man sollte immer wieder neue „Schmankerln" servieren, um die Freßlust zu erhalten. In den ersten paar Wochen nach Beginn der Fütterung besteht diese aus verschiedenen Breien, die in flachen, großen Tellern serviert werden. Anfangs schmiert man den warmen Brei um die Welpenschnauzen. Durch das Ablecken lernen die Welpen zu fressen. Auch auf die richtige Temperatur des Futters ist zu achten, sie soll gleich der Körpertemperatur der Welpen sein.

Nach zwei Wochen verwenden wir auch gekochtes Hackfleisch, feine Haferflocken und Kleie oder – viel einfacher – Dosenfutter, speziell für Welpen.

Ob sich ein Welpe gut entwickelt, läßt sich einfach feststellen: Der Hund wächst und nimmt ständig zu. – Er ist munter und zeigt keine Schmerzen. – Das Fell und die Augen glänzen und sind rein. – Der Welpe frißt eifrig, setzt regelmäßig Kot und Harn ab, schläft einerseits gerne und hat andererseits Bewegungsdrang. – Zähne, Krallen, Augen und Haut sind normal entwickelt und sauber.

Um eine optimale Entwicklung der Welpen zu gewährleisten, muß für genügend Bewegung gesorgt werden. Ich habe im Kapitel „Zucht" bereits festgehalten, daß ein genügendes Platzangebot Voraussetzung für die Hundezucht ist, und das wird einem selten so klar wie während der ersten paar Lebensmonate des Nachwuchses. Etwa ab der vierten Lebenswoche sollten die Welpen bei Schönwetter ins Freie gebracht werden; vorerst nur etwa eine halbe Stunde, später steigernd bis zu mehreren Stunden. Wichtig ist ein sauberer, dicht eingezäunter Auslauf mit einem trockenen, warmen Liegeplatz. Hierfür eignet sich ein alter Korb oder eine Holzplatte auf Leisten oder eine dicke, mit festem Stoff überzogene Schaumgummimatte. Zusätzlich ein paar Spielsachen und frisches Wasser verstehen sich von selbst.

Junge Einzelhunde brauchen den Kontakt mit dem Menschen, besonders wenn sie lebhaft und interessiert sind wie Terrier. Gerade in der Zeit der Prägung, also im dritten Lebensmonat, benötigt der Junghund viel Aufmerksamkeit und Zuwendung. Tägliche, sich in der Ausdehnung langsam steigernde Spaziergänge, wilde Raufereien mit dem Herrn und schon jetzt die ersten leisen Ansätze von Training binden das Tier richtig an seinen Besitzer und fördern Nervenstärke und seelische Ausgeglichenheit, die einen guten Hund auszeichnen.

Terrier sind Gebrauchshunde, die dauernd in Bewegung sein wollen. Man sollte den Hund nie daran hindern, seinem natürlichen Tatendrang nachzugehen, das ist Laufen, Graben, Apportieren oder Stöbern. Nur ein entspannter, glücklicher Hund wird sich, zusammen mit optimaler Fütterung und Betreuung, wirklich gut entwickeln.

Die Standards

Rassestandards sind eigentlich nichts anderes als Wunschlisten. Sie enthalten alle Forderungen und Vorstellungen betreffend den idealen Vertreter einer Rasse. Obwohl oder gerade weil kaum ein Hund jemals alle diese Eigenschaften in optimaler Weise in sich vereint, ist es für den Züchter notwendig, sich immer wieder am Standard zu orientieren. Hier nun die Standards von Deutschland und der FCI (Fédération Cynologique International).

Deutschland

Charaktermerkmale. Der Terrier muß eine lebhafte, unternehmungsfreudige und wachsame Erscheinung präsentieren. Er soll mit Furchtlosigkeit und unbekümmertem Wesen beeindrucken. Es muß daran erinnert werden, daß der JR ein Arbeits- bzw. Gebrauchsterrier ist und daß er diese Instinkte beibehalten soll. Nervosität, Feigheit oder Überaggression dürfen nicht sein, er soll immer vertrauensvoll erscheinen.

Gesamterscheinung. Ein standfester, zäher Terrier, dessen Schulterhöhe zwischen 26 und 35 cm liegt. Seine Körperlänge muß im Verhältnis zur Höhe stehen, und er soll sich in kompakter, ausbalancierter Erscheinung immer in solider, ausdauernder Kondition darstellen.

Kopf. Soll gut ausgeglichen und im Verhältnis zum Körper stehen. Der Schädel soll flach, von mittelmäßiger Breite an den Ohren sein, zu den Augen hin schmaler werdend. Dort soll ein deutlicher, aber nicht überbetonter Stop sein. Die Länge des Fanges von der Nase bis zum Stop soll ein wenig kürzer als die Entfernung vom Stop zum Hinterhauptbein sein. Die Nase soll schwarz, die Kieferknochen stark und mit kräftiger Backenmuskulatur versehen sein.

Augen. Mandelförmig, von dunkler Farbe und voll Leben und Intelligenz.

Ohren. Klein und V-förmig, werden nach vorne fallend dicht am Kopf getragen und sind von mittlerer Dicke. Schwer herabfallende Ohren und Stehohren sind fehlerhaft.

Fang. Starke Zähne, volles Scherengebiß.
Hals. Einwandfrei und muskulös, von guter Länge, sich allmählich zu den Schultern hin verstärkend.
Vorderteil. Die Schultern sollen eine gute Neigung nach rückwärts aufweisen und sauber mit dem Widerrist abschneiden. Die Vorderbeine sollen kräftig und gerade sein, mit korrekt ausgerichteten Gelenken. Die Ellbogen hängen senkrecht zum Körper und arbeiten frei an den Seiten.
Körper. Die Brust soll flach und schmal sein, die Vorderbeine sollen nicht zu weit voneinander stehen. Das gibt dem Terrier eine athletische Erscheinung, nicht aber ein großer Brustumfang. In guter Arbeitskondition soll die Brust schmal genug sein, daß man sie mit beiden Händen durchschnittlicher Größe hinter den Schultern des Hundes umspannen kann. Der Rücken soll kräftig und gerade sein und im Vergleich zur Höhe stehen. Das gibt dem Terrier ein balanciertes Aussehen. Die Lenden sollen leicht gewölbt sein.
Hinterteil. Soll stark und muskulös sein, gut zusammengefügt, mit korrekter Winkelung der Hinterhand und Krümmung des Kniegelenkes. Dies ermöglicht eine Fülle an Bewegungsfreiheit und einen flüssigen Schub aus der Hinterhand. Von hinten gesehen müssen die Beine ebenfalls gerade sein.
Füße. Rund, kräftig gepolstert, von katzenhafter Erscheinung, weder nach innen noch nach außen gedreht.
Rute. Hoch angesetzt, fröhlich getragen und im Verhältnis zur Körperlänge stehend etwa 12 cm lang. Die Rute soll eine gute Handbreit lang sein.
Haar. Glatthaar möglichst hart und dicht, so daß es dem Körper im Gelände und Untergrund einen gewissen Schutz bietet. Rauhhaarig (broken coated), ohne wollig zu sein.
Farbe. Die Grundfarbe muß Weiß sein, mit lohfarbigen, schwarzen oder braunen Abzeichen bzw. Flecken.
Gangwerk. Die Bewegungen sollen frei und lebendig sein, mit raumgreifenden Schritten, gut abgestimmt mit gerader Aktion der Vorder- und Hinterhand.
Anmerkung. Für die Ausstellung sind die Terrier in zwei Gruppen geteilt, und zwar die kleineren von 26 bis 31 cm und die größeren von 31 bis 35 cm Schulterhöhe. Jede Gruppe konkurriert unter sich. Alte Narben und Verletzungen, das Ergebnis von Jagdarbeit oder Unfällen, dürfen die Chance einer Bewertung im Ausstellungsring nicht beein-

Foxwarren Digger, BP – ein vielfacher Champion englischer Herkunft; Schulterhöhe 30 cm (Z.: E. Chapman, Bes.: Chr. Lindenberg-Beste)

trächtigen, es sei denn, diese stören das Gangwerk oder den Einsatz für Gebrauch und Zucht. Männliche Tiere müssen zwei normal entwickelte, gut sichtbare Hoden besitzen. Ein Jack-Russell soll nicht irgendwelche besonderen charakteristischen Merkmale anderer Rassen zeigen.
(Dieser Standard ist im wesentlichen eine Übersetzung des Englischen, den ich deshalb nicht anführe.)

FCI-Standard

Allgemeines Erscheinungsbild. Arbeitsfreudig, lebhaft, wendig, für Schnelligkeit und Ausdauer gebaut.
Charakteristika. Im wesentlichen ein Gebrauchsterrier, nach Fähigkeit und Figur sowohl für die Arbeit im Bau als auch in der Meute geeignet.
Wesen. Mutig und freundlich.
Kopf und **Schädel.** Flach, mäßig breit, zu den Augen hin allmählich schmaler werdend. Flacher Stop. Die Entfernung vom Nasenspiegel

zum Stop ein wenig kürzer als die vom Stop zum Hinterhauptbein. Nase schwarz.

Augen. Mandelförmig, mäßig tief liegend, dunkel, höchst lebhafter Ausdruck.

Ohren. Klein, V-förmig, nach vorne fallend, dicht am Kopf getragen, die Falte nicht über dem höchsten Punkt des Schädels liegend.

Fang. Kräftige Kiefer, muskulös. Perfektes, regelmäßiges und vollständiges Scherengebiß, wobei die obere Schneidezahnreihe ohne Zwischenraum über die untere greift und die Zähne senkrecht im Kiefer stehen.

Hals. Klar umrissen, muskulös, von guter Länge, sich zu den Schultern hin allmählich verstärkend.

Vorderhand. Schultern lang und schräg, gut zurückliegend, klar umrissen am Widerrist. Kräftige Läufe, die gerade sein müssen, mit Gelenken, die weder nach innen noch nach außen drehen. Ellenbogen am Körper anliegend, an den Seiten frei beweglich.

Körper. Brustkorb von mäßiger Tiefe, hinten an den Schultern von zwei durchschnittlich großen Händen zu umfassen. Rücken kräftig; gerade Lenden leicht gewölbt. Harmonisch, die Länge des Rückens vom Widerrist zum Ansatz der Rute ist gleich der Höhe vom Widerrist zum Boden (der Hund ist länger als hoch).

Hinterhand. Kräftig, muskulös, mit guter Winkelung und Beugung des Kniegelenks. Hintermittelfuß kurz und parallel, viel Schub bewirkend.

Pfoten. Kompakt, mit widerstandsfähigen Ballen, weder nach innen noch nach außen drehend.

Rute. Kräftig, gerade, hoch angesetzt. Herkömmlicherweise zur Körperlänge passend kupiert, was einen guten Halt bietet.

Gangwerk, Bewegung. Frei, lebhaft, harmonisch. Gerade im Kommen und Gehen.

Haarkleid. Von Natur aus harsch, anliegend und dicht, weder lang noch kurz. Bauch und Unterseite des Brustkorbes behaart. Die Haut muß dick sein und locker anliegen.

Farbe. Vollständig weiß oder mit lohfarbenen, zitronengelben oder schwarzen Abzeichen, vorzugsweise beschränkt auf Kopf oder Ansatz der Rute.

Größe. Rüden ideale Widerristhöhe 35 cm, Hündinnen 33 cm.

N.B. Für eine nicht begrenzte Übergangszeit sollte die Widerristhöhe für Rüden und Hündinnen 26 cm nicht unterschreiten. Die den Idealmaßen nicht entsprechenden Hunde werden aus diesem Grunde bei

Ein korrekter Rüde auf einer Show in England

der Bewertung auf Ausstellungen nicht benachteiligt und können ohne Einschränkung in der Zucht Verwendung finden.
Fehler. Jede Abweichung von den vorgenannten Punkten sollte als Fehler angesehen werden, dessen Bewertung im genauen Verhältnis zum Grad der Abweichung stehen sollte. – N.B. Rüden sollten zwei offensichtlich normal entwickelte Hoden aufweisen, die sich vollständig im Skrotum befinden.

Soweit die Standards, die, wie erwähnt, jedem Züchter als Richtschnur und ständiges Korrektiv dienen sollten. Sie sind zwar in einigen Punkten ungenau oder sprachlich holprig, treffen aber in den wesentlichen Punkten zu. Wichtiger als die Standards selbst sind jene Leute, die sie interpretieren, also Formrichter und Zuchtwarte. Sie sind die Träger der Qualität in jeglicher Tierzucht und müßten den Züchtern mit fundiertem Rat und sachlicher, stets freundlicher Kritik unter die Arme greifen.

Gibt es eine Zukunft?

Wenn sich der Jack-Russell-Terrier, unabhängig von einer Anerkennung durch Organisationen auf dem Papier, jemals zu einer konsolidierten Rasse entwickeln soll, dann muß vor allem jede Einkreuzung von Fremdblut beendet werden. Die Wichtigkeit von verbindlichen Standards ist offensichtlich, zu ihrer Überprüfung braucht man Zuchtwarte und Formrichter, die auf Arbeitsterrierschauen, Ausstellungen und bei den Züchtern die Spreu vom Weizen trennen.

Terrier, die Anzeichen von fremdem Blut – Merkmale anderer Rassen – zeigen oder jagduntauglich sind, sollten in kein Zuchtregister aufgenommen werden.

Die Standards der Zuchthändler sollen als Beispiel für eine theoretische Grundlage zur Zucht dienen. Hier sei auch Mona Huxham zitiert, eine englische Terrierexpertin und Autorin eines Büchleins über Russells, die sich vor 15 Jahren beim Kennel-Club erkundigte, um Aufklärung über den damaligen Stand der Dinge zu bekommen. „Mr. G. Baker vom Kennel-Club war sehr großzügig mit seiner Zeit und erläuterte mir die Meinung des Kennel-Clubs, warum alle bisherigen Ansuchen um Anerkennung abgelehnt wurden. . . . Ich fragte, was man tun müsse im Falle des Jack-Russell, um auf eine positivere Haltung zu treffen. . . . Ich fragte auch, was aus dem alten Schlag geworden war, und er sagte mir, daß nach einigen Versuchen, ihn wiederzubeleben, die Anstrengungen nun aufgehört zu haben scheinen. Heutzutage weise der im allgemeinen ‚Jack-Russell' genannte Hund extrem verschiedene Typen auf, besonders was Größe, Form, Farbe, Fell und Ohrenform betreffe. . . . ‚They varied so much that they could never be grouped together and called a pure breed!' ‚Sie unterschieden sich so sehr, daß man sie niemals in einer Gruppe zusammenfassen und eine reine Rasse nennen konnte.' (Übersetzung des Zitats). – Mr. Baker sagte mir, daß dies den Besitzern erklärt würde, wenn sie beim K.C. um Anerkennung als Rasse von Russells ansuchen."

Der englische Club wurde 1975 mit folgenden Zielen begründet: *„Der J.R. Club von Großbritannien wurde von Leuten gegründet, die*

Der Anti-Jack-Russell! Krumme Beine und Stehohren sind unkorrekt

die Rasse rein erhalten wollen und den Fortbestand der Fähigkeiten und Instinkte sichern, die sie derzeit hat. Es soll ein Register von J.R. Terriern geführt werden."

So löblich auch alle Bemühungen sind, durch die Gründung des Clubs und die Publikation von Standards eine gewisse Vereinheitlichung zu erreichen, so vergeblich waren sie bis heute. Es gibt nach wie vor eine Menge Züchter, die ein völlig anderes Ideal verwirklichen, als es Jack Russell anstrebte.

Die Bestrebungen der englischen Klubs – inzwischen sind es mehrere geworden –, Aufnahme im K.C. zu finden, wird von vielen Züchtern und Terrierfreunden rundheraus abgelehnt. Man meint, daß dadurch folgende Entwicklung losgetreten würde: Ausgabe von Papieren – Möglichkeit, an offiziellen Shows teilzunehmen – höhere Preise – Verlust der Arbeitseignung. Dies sind genau jene Befürchtungen, die sich bereits vor über hundert Jahren bei der Entwicklung des modernen Fox-Terriers bewahrheiteten. Allerdings waren sich schon damals

Experten einig, daß Schönheit und Jagdtauglichkeit einander nicht ausschließen, ja oftmals – wie sich auch bei Rennpferden Schönheit zu Schnelligkeit gesellt – Hand in Hand gehen. Es bleibt ja letztlich den Züchtern und Haltern überlassen, ob und wie sie ihre Hunde prüfen und welche sie zur Zucht verwenden. Hier sei ein Wort der Warnung angebracht!

Viele schöne, korrekte Hunde werden ungeprüft in die Zucht genommen, noch viel öfter aber werden häßliche, unkorrekte Tiere, die nie einen Fuchsbau gesehen haben, zugelassen. Meist steht Profitgier oder falsche Sentimentalität dahinter. Eine wirkliche Leistungszucht, wie sie zu Parson Jack Russells Zeiten notwendig war, ist der beste Weg zu einer in sich stabilen, gesunden Rasse. Daher kann der erste Schritt neben der Einführung eines präzisen Standards und der Kontrolle seiner Einhaltung nur in der Schaffung von Arbeitsmöglichkeiten für Arbeitsterrier – Kunstbauten und organisierte Baujagden – bestehen.

Man könnte dann die dem Zuchtziel entsprechenden Tiere auf Leistung prüfen und auf diesem Material einen homogenen Typ aufbauen. Ein weiterer, vielleicht der wichtigste Schritt, wäre Aufklärungsarbeit über den alten Schlag und die guten, frühen Arbeitsterrier. Man muß ein Bild vor Augen haben, wenn man ein Ziel anstrebt. Es wäre sicherlich leichter, wenn alle Züchter das Bild von Trump oder Old Jock in sich trügen und nicht rasten würden, bis ihre Hunde ebenso aussähen.

Die Zukunft hat begonnen!

Seit den Anerkennungsbestrebungen der englischen Züchter, die vom Kennel-Club nicht akzeptiert werden konnten, ist etliche Zeit verstrichen, und die steigende Popularität des Jack-Russell-Terriers hat in Verbindung mit neuerlichen internationalen Versuchen, die Rasse von der FCI bestätigen zu lassen, zu einer gewandelten Situation geführt. Ich darf mit Stolz sagen, daß meine Heimat Österreich bei diesen Bestrebungen eine wesentliche Rolle spielte. Hier entschloß sich 1984/85 eine kleine Gruppe von Jack-Russell-Besitzern, einen Spezialklub zur Zucht und Verbreitung der Rasse zu gründen, mit dem Ziel der nationalen und später eventuell sogar internationalen Anerkennung.

Man schuf einen Standard und erreichte relativ rasch die Eintragung der Hunde in das nationale Zuchtbuch; allerdings waren anfangs noch viele Produkte heimischer Züchter vom idealen Jack-Russell weit entfernt. Dank einer sehr aktiven und gut organisierten Klubleitung konnte jedoch das Niveau bald auf einen höheren Stand gebracht werden. Bereits 1990 gab es rund 200 eingetragene Hunde, und die Zahl ist weiter ansteigend.

Einige ambitionierte Züchter setzten alles daran, der Rasse ein einheitlicheres Aussehen zu geben, das auch bei nationalen Ausstellungen überprüft und bewertet wurde. Österreich hatte gegenüber anderen Ländern zwei Vorteile, die eine derart rasche positive Einwicklung begünstigten: Zum einen war die relative Kleinheit des Landes dem Zusammenschluß der Züchter und der Kontrolle der Zucht förderlich, zum anderen wurde erst ziemlich spät mit der Zucht überhaupt begonnen, dann aber schon bald unter der Führung des Klubs, der aus den Erfahrungen anderer Länder gelernt hatte und peinlich darauf bedacht war, deren Fehler nicht zu wiederholen.

Der Österreichische Kynologenverband stand dem Projekt von allem Anfang an sehr positiv gegenüber und ermöglichte damit ein ungehindertes Arbeiten. Als Wegbereiter der Rasse sind in erster Linie Senatsrat Hartmann als Präsident des Österreichischen Gebrauchshundevereins und Josef Max als Gründer und Vorsitzender des Spezialklubs zu nennen.

Die internationale Anerkennung konnte nur über die Fédération Cynologique International erfolgen, die wiederum die Intervention des Kennel-Clubs als maßgebliche Organisation des Mutterlandes abwartete. Dieser hatte, wie erwähnt, sehr lange eine Anerkennung kategorisch abgelehnt. Völlig überraschend reichte aber der Kennel-Club 1989 einen Interimsstandard ein, der 1990 durch einen ordnungsgemäßen Standard abgelöst wurde.

Somit war auch für die FCI der Weg frei, und bei der Generalversammlung der FCI im Juni 1991 wurde ein offizieller Standard in vier Sprachen herausgegeben, der die Rasse in die Gruppe III (Terrier) der zehn großen Rassengruppen einreiht, und zwar in die Sektion 1, die hochläufigen Terrier. Durch eine Übergangsbestimmung werden Abweichungen von der Idealgröße von 33 bis 35 cm nach unten bis zu einer Größe von 26 cm toleriert.

Die Rasse trägt nun den Namen Parson-Jack-Russell-Terrier, womit angedeutet wird, daß eine Annäherung an den ursprünglichen Typ erwünscht ist. Darauf deuten auch die Zuordnung zu den hochläufigen Terriern und die Übergangslösung bezüglich der Größe hin.

Oscar ist auf allen Turnierplätzen der Welt zu Hause (Bes.: M. Hirsch)

Der Jack-Russell-Terrier-Club Deutschland e. V. war der erste Club für diese Rasse in der Bundesrepublik. Er gründete sich 1986 aus Reitern, Jägern und Fans dieser Rasse.

Der Verein hat sich von Anfang an zur Aufgabe gemacht, einen gebrauchstüchtigen Hund zu erhalten, der hart, freundlich und leichtführig sein soll.

Der JRTCD verfügt über eine eigene Zuchtordnung; der Standard des englischen JRTC wurde übernommen. Welpen der eingetragenen und zur Zucht zugelassenen Elterntiere erhalten eine Ahnentafel und eine Tätowiernummer und werden mit ihrer Fellzeichnung aufgenommen.

Erwachsene Hunde können ebenfalls in das deutsche Zuchtbuch aufgenommen werden.

Der Club fordert zur Zuchtzulassung nicht nur Formwertbeurteilung, sondern prüft in einem Wesenstest auch die Nervenstärke, Schußfestigkeit, Wasserfreudigkeit sowie jagdliche Grundlagen.

Diese Anlagen sind auch für Nichtjäger wichtig, denn nur ein wesensfester Hund macht auf Dauer seinem Besitzer Freude. Hunde, die dem Standard entsprechen, werden auf eigenen Zuchtzulassungsschauen bewertet und legen dort auch den Wesenstest ab. Nach der Anerkennung des Jack-Russell als Rasse durch die FCI im Juni 1991 wurde der JRTCD e. V. Mitglied des Verbandes für das Deutsche Hundewesen (VDH), dem weltweit anerkannten Dachverband für Hundezuchtvereine in Deutschland.

Die Computerdatei des Clubs weist ein stetes Ansteigen von 1986 bis heute auf, derzeit liegt der Stand bei rund 1300 Tieren, jährlich fallen rund 30 bis 50 Würfe. Die Betreuung der Mitglieder umfaßt ein vierteljährliches Clubheft mit wichtigen Informationen und die Abhaltung von großen Ausstellungen, bei denen erfahrene englische Richter die Hunde bewerten.

1987 wurde der British-Jack-Russell-Terrier-Club-Deutschland, kurz BJRTCD, gegründet. Zwei Jahre später kam der Working-Jack-Russell-Terrier-Club of West Germany hinzu. Beide Vereine folgen dem Wunsch des Begründers der Rasse, diese nicht einem offiziellen Hundezuchtverband anzugliedern. Über die Aktualität dieser Forderung kann man geteilter Meinung sein, was auch in der folgenden Äußerung von Frau Christiane Lindenberg, Geschäftsführerin des JRTCD, zum Ausdruck kommt: „Ich meine, daß ein vor hundertfünfzig Jahren geäußerter Wunsch heute nicht mehr unbedingt Gültigkeit haben muß. Die Zeit hat sich geändert, und wir wissen nicht, wie Parson Jack Russell heute über dieses Thema denken würde. In einer auf vielen Gebieten eng verflochtenen Welt ist manches einfacher zu erreichen, wenn man einem international arbeitenden Dachverband, wie es die FCI ist, angehört."

Tatsächlich sind viele Hunde aus Zwingern, die dem JRTCD angeschlossen sind, jagdlich geprüft und verbinden korrektes Exterieur und Interieur mit einer hervorragenden Jagdtauglichkeit. In diesem Zusammenhang sei noch auf die Bedeutung der Regelung hingewiesen, daß alte Verletzungen, Narben etc. einen Ausstellungsrichter nicht zu beeinflussen haben. Sollten Hunde, die sichtbare Spuren einer jagdlichen Arbeit tragen, im Schauring benachteiligt werden, so würde dies bald zu einem Absinken des allgemeinen Niveaus innerhalb der Rasse führen. Holland und die Schweiz waren ebenfalls schon geraume Zeit Nachzuchtländer gewesen und hatten ähnliche Schwierigkeiten durchlebt wie Österreich oder Deutschland. Die Niederlande haben

Zwei Freunde genießen den Sonnenschein

nicht nur eine große Anzahl von Hunden, sondern auch eine eigene Klubzeitschrift, die Züchter und Mitglieder mit Informationen und Deckanzeigen versorgt.

Rednock Myown Molly blickt nachdenklich in die Zukunft; V.: Foxwarren Digger, BP, M.: Patch (Rednock), BP (Z.: Chr. Lindenberg-Beste, B.: Scharnhop)

Das größte Problem in der Anfangsphase der Konsolidierung dürfte wohl die Ausbildung von Richtern sein, die ein tiefgreifendes historisches Verständnis für die Entwicklung der Rasse mit einem geübten Blick für Typ und Gebäude verbinden. Dazu wird es wohl unumgänglich sein, geeignete Personen nach England zu schicken, da nur dort eine genügend große Anzahl von Hunden und Veranstaltungen existiert, um sich in kurzer Zeit einen Überblick zu verschaffen.

Die Aufgabe des Richters wird ja gerade beim Jack-Russell durch die breite Typvarianz erschwert, so daß man schon eine sehr genaue Vorstellung vom Idealhund braucht, um einigermaßen sicher und konstant bewerten zu können. Mit Sicherheit genügt es nicht, ein Terrier-Richter zu sein, ohne sich eingehend mit den Besonderheiten dieser neu anerkannten Rasse auseinandergesetzt zu haben. Der Unterschied in der Problemstellung zwischen den seit langem durchgezüchteten herkömmlichen Terrierrassen und dem Jack-Russell ist eklatant, geht es doch bei letzterem nicht um das Finden des absolut korrektesten Tieres aus einer Gruppe fast einheitlicher Hunde, sondern um das Zeigen der einzuschlagenden Richtung für die Zucht.

Ernährung

Die wildlebenden Ahnen unseres Hundes waren Jäger. Sie verzehrten ihre Beute mit Haut und Haar. Bevorzugte Leckerbissen waren die Innereien. Magen und Darm ihrer Beutetiere enthielten auch vorverdaute Pflanzen und wichtige Vitamine. Wölfe und Wildhunde fraßen also nicht nur Fleisch. Genauer wäre die Bezeichnung „Tierfresser". Aus Untersuchungen des Mageninhaltes wissen wir, daß darüber hinaus praktisch alles auf dem Speisezettel stand, was die Natur bot: Früchte, Samen und Gräser, Frösche und Schlangen, selbst Insekten wurden verzehrt. Nur so konnte der Hunger gestillt und genügend Vitamine und Mineralstoffe aufgenommen werden.

Angemessene artgemäße Nahrung hat der Hundehalter seinem Hund nach dem Tierschutzgesetz anzubieten. Unkenntnis und falsch verstandene Tierliebe können leicht zu Tierquälerei führen: Der Hund ist kein Resteverwerter. Mit Süßigkeiten ist ihm nicht gedient. Falsche Ernährung kann Fettsucht, innere Erkrankungen oder Hautkrankheiten verursachen. „Angemessen" ist nur eine gesunderhaltende Nahrung. Die Freßgewohnheiten der Wildtiere zeigen, wie das Futter zusammengesetzt sein muß:

Fleisch ist die Ernährungsgrundlage. Es enthält neben Salzen, Geschmacksstoffen und Vitaminen vor allem Eiweiß. Reines Muskelfleisch oder Herz kann ebenso wie ausschließlich minderwertige sehnige, häutige oder knorpelige Teile zu Verdauungsstörungen führen. „Artgemäß" ist eine aus leichter und schwerer verdaulichen Bestandteilen gemischte Fleischgrundlage. Dazu gehört auch tierisches Fett. Es dient als Energiequelle.

Pflanzen enthalten neben Eiweiß, Vitaminen und Mineralstoffen vor allem Stärke und Zucker. Diese Kohlehydrate liefern ebenfalls Energie. Sie muß aber bei den meisten Nährmitteln durch Erhitzung „aufgeschlossen", das heißt verdaulich gemacht werden. Für Sättigung, Darmfüllung und geregelte Verdauung sorgen unverdauliche Rohfasern, die vor allem in Rohkost, aber auch in Hundeflocken, weniger jedoch in gekochtem Reis enthalten sind. Ungesättigte Fettsäuren aus

Pflanzenölen sind vor allem für gesunde Haut und glänzendes Fell wichtig.

Für den gesunden Hund ist eine Ergänzung der Fleischgrundlage durch aufgeschlossene rohfaserhaltige Pflanzenkost das richtige.

Eine vielseitig zusammengesetzte Nahrung enthält auch Vitamine. Das sind Wirkstoffe, die für Stoffwechselprozesse wie Blutgerinnung, Nervenfunktion oder Infektabwehr benötigt werden, die der Körper jedoch selbst nicht produzieren kann.

Mineralstoffe und Spurenelemente sind nicht nur für den Knochenbau, sondern auch für viele andere Stoffwechselprozesse unerläßlich.

Eine Wissenschaft für sich?

Erhaltungs- und Leistungsbedarf, Nährwerttabellen, Kalorien und Joule – das ist schon eine Wissenschaft für sich – beflügelt durch die Futtermittelindustrie. Bei allem Respekt wundert sich der Praktiker, daß trotz Unkenntnis und Fehlern früherer Zeiten die Spezies Haushund nicht längst ausgestorben ist. Zum besseren Verständnis genügen folgende Überlegungen: Der Körper des erwachsenen Hundes befindet sich in einem dauernden Umbau. Zur Erhaltung der Körpersubstanz sind daher Eiweißbausteine erforderlich, für die damit verbundenen Stoffwechselvorgänge Energielieferanten, Vitamine und Mineralstoffe. Das Futter soll in der Trockenmasse mindestens ein Drittel Eiweiß und fünf Prozent Fett und höchstens die Hälfte Kohlehydrate enthalten.

Welpen und Junghunde brauchen für ihr Wachstum mehr Nahrung als gleich schwere erwachsene Hunde: bis zum sechsten Monat etwa doppelt soviel und dann immerhin noch 50 Prozent mehr. Ihr Futter soll zu zwei Dritteln, später mindestens zur Hälfte aus Fleisch und anderen Eiweißstoffen bestehen.

Diese Richtwerte gelten nur bei normaler Belastung. Besondere Leistungen erfordern eine Zulage. Als Fleischfresser kann der Hund zwar auch aus Eiweiß Energie gewinnen, die Ausbeute ist jedoch gering (und teuer).

Zugelegt werden daher kohlehydrathaltige Futtermittel. Erhaltungs- und Leistungsbedarf sind praktisch nicht zu trennen. Bei Dauerbelastung kann bis zu viermal mehr Energie als bei Ruhe verbraucht werden.

Die wichtigsten Grundregeln

Die Futterration kann nicht mit der Briefwaage abgemessen werden. Neben Alter und Leistung ist die individuelle Veranlagung des Hundes ausschlaggebend. Es gibt gute und schlechte Futterverwerter. Ein normal veranlagter, durchschnittlich beanspruchter erwachsener Jack-Russell-Terrier braucht täglich etwa 200 bis 300 g Fleisch mit 50 bis 100 g Flocken. Den gleichen Nährwert haben etwa 500-g-Dosen-Vollnahrung oder etwa 150 g Trockenfutter.

Bei einem gesunden, gut ernährten Hund sollen die Rippen optisch nicht hervortreten, mit der flachen Hand aber noch fühlbar sein. So kann man „erfühlen", ob etwas Futter zugelegt oder abgezogen werden muß.

Junghunde können die tägliche Futtermenge unmöglich auf einmal aufnehmen. Eine Magenüberladung wäre die Folge. Knochen, Bänder und Gelenke würden zu stark belastet und bleibende Schäden davontragen. Immerhin braucht ein halberwachsener Jack-Russell-Terrier bereits genausoviel Futter wie sein ausgewachsener Artgenosse. Die

Die Erziehung hat begonnen

Ernährung der Welpen erfolgt zunächst genau so, wie der Züchter es gehandhabt und dem Käufer empfohlen hat. Umstellungsbedingte Verdauungsstörungen werden so vermieden. Dem Welpen wird die Eingewöhnung erleichtert.

Bis zum Abschluß des Zahnwechsels mit etwa sechs Monaten erhält der Junghund täglich drei, später bis zum Abschluß des Wachstums mit etwa eineinhalb Jahren zwei Mahlzeiten täglich. Der Junghund darf zunächst noch etwas „Babyspeck" haben. Er hilft, Krankheiten besser zu überstehen. Mangelernährung in der Jugend ist kaum wiedergutzumachen.

Fresser werden nicht geboren, sondern erzogen: der erwachsene Hund erhält täglich eine Mahlzeit. Was in einer Viertelstunde nicht aufgefressen ist, gehört in den Mülleimer. Wichtig ist eine regelmäßige feste Futterzeit, weniger wichtig, ob dies morgens, mittags oder abends ist. Stets soll jedoch der Hund nach dem Fressen ruhen, so wie es auch Wildtiere nach ergiebigem Mahl zu tun pflegen. Bei „Sport und Spiel" besteht die Gefahr, daß sich ein gefüllter Magen verdreht – eine lebensgefährliche Situation.

Das Futter soll vielseitig sein, damit es alle benötigten Nährstoffe enthält. Der Hund braucht aber keine Geschmacksabwechslung. Er kann durchaus dauernd das gleiche Futter erhalten, wenn dies optimal zusammengesetzt ist.

Fertigfutter – sicher, bequem und preiswert

Die Vorurteile gegen Fertigfutter sind überholt. Es entspricht in Eiweißanteil und sonstigen Inhaltsstoffen den wissenschaftlichen Erkenntnissen. Durch moderne Konservierungsverfahren werden Vitamine weniger geschädigt als durch haushaltsübliches Kochen. Krankheitserreger im Fleisch werden bei der Herstellung abgetötet. Ein weiterer Vorteil ist die praktische Vorratshaltung. Auf Reisen ist Fertigfutter die einfachste Futterlösung. Es ist nicht teurer als selbstzubereitetes Futter. Gegen Fertigfutter gibt es eigentlich nur einen Einwand: artgemäßerweise frißt der Hund Rohes, nicht aber Gekochtes.

Dosenfutter enthält reichlich Eiweiß. Das Etikett muß genau gelesen werden: „Vollnahrung" enthält bereits pflanzliche Futtermittel und ist futterfertig. Zu „Fleischnahrung" müssen noch Flocken, Reis oder Gemüse zugemischt werden. Als vermeintlicher Nachteil werden viel-

fach die großen Kotmengen nach Verfütterung von Dosenfutter empfunden. Sie sind Folge des Rohfaseranteils und der damit verbundenen guten Darmfüllung. Geschwächte kranke Hunde reagieren bei plötzlicher Umstellung auf Dosenfutter gelegentlich mit Durchfall.
Fertigfuttermischungen aus Trockenfleisch und Nährmitteln werden mit warmem Wasser oder Brühe dickbreiig angerührt – eine unproblematische Futterzubereitung.
Trockenfutter in Keks- oder Ringform und Hundekuchen enthalten fünfmal weniger Wasser als normal feuchtes Futter. In einem Extranapf muß daher unbedingt Wasser angeboten werden. 200 g Trockenfutter haben etwa den gleichen Nährwert wie eine 850-g-Dose Vollnahrung oder 400 g Fleisch und 125 g Flocken. Zusätzliche „Leckerlis" sind Dickmacher!

Fertigfutter ist meist nach dem Bedarf erwachsener Hunde zusammengestellt. Junghunde erhalten daher als Eiweißzulage zusätzlich Fleisch oder Milcherzeugnisse oder aber gleich ein spezielles Welpen- oder Junior-Fertigfutter.

Eigener Herd . . .

Schwieriger ist es, seinen Hund mit selbstzubereitetem Futter zu ernähren.
Fleisch ist die Futtergrundlage: Rinderpansen und Blättermagen, Herz, Fleischabschnitte, Maulfleisch, Leberabschnitte, Schlund, Milz und Nieren sind ein fast vollwertiger Ersatz für das teure Muskelfleisch. Euter, Lunge und „Schweineringel" sind nur bedingt und in kleinen Mengen geeignet. Besonders wertvoll ist „grüner" Pansen: Der rohe, ungereinigte Rindermagen enthält bereits vorverdaute Pflanzenteile und Vitamine, die aus den Pflanzen stammen oder im Pansen gebildet wurden. Haltbarer und weniger duftend ist der gereinigte und gebrühte „weiße" Pansen. Rohe Leber und rohe Milz haben eine abführende Wirkung und dürfen daher – je nach Kotbeschaffenheit – nur in kleinen Mengen zugegeben werden. Geflügelinnereien und Schweinefleisch sollten stets gekocht werden. Sie könnten sonst Durchfall verursachen oder die gefürchtete Aujeszkysche Krankheit übertragen. Die Fleischgrundlage sollte stets aus verschiedenen Bestandteilen bestehen. Bei einseitiger Zusammensetzung, zum Beispiel ausschließlich Pansen, können Eiweißbausteine fehlen, die der Hund braucht.

Andere Eiweißquellen können das Futter vervollständigen. Hunde mit gesunder Leber und Niere dürfen gelegentlich unverdorbenen Fisch, frei von harten Gräten, fressen. Junghunde bis zum sechsten Monat können täglich eine mit Milch hergestellte Mahlzeit erhalten. Bei älteren Junghunden muß Kuhmilch verdünnt werden. Erwachsene Hunde erhalten – wie in der Natur – keine Milch. Sie können den Milchzucker nicht verdauen. Der Darminhalt wird dadurch zu weich. Hauterkrankungen können die Folge sein. Besser als Kuhmilch sind Welpenmilch-Präparate, die auch von älteren Hunden vertragen werden. Auch rohes Eiklar kann der Hund nicht richtig verdauen. Rohes Eigelb ist dagegen vor allem für junge und kranke Hunde gesund und bekömmlich. Gekochte und gebratene Eier verträgt jeder Hund. Viele Hunde mögen auch Magerquark – eine wertvolle Ergänzung hochwertigen Eiweißes – besonders für Junghunde. Käse ist entgegen Vorurteilen nicht schädlich. Käserinden, Wurstpellen, Geräuchertes und Gewürztes gehören aber nicht in den Hundenapf.

Einkaufsmöglichkeiten für Futterfleisch bieten Hundefutterhandlungen und Fleischereien sowie Zoogeschäfte und Supermärkte. Frisches Futterfleisch ist leicht verderblich und sollte auch bei Kühlung nicht länger als zwei Tage aufbewahrt werden, gekochtes hält sich ein bis zwei Tage länger. In der Gefriertruhe kann man Fleisch etwa drei Monate aufbewahren, zweckmäßigerweise in dicht schließenden Kunststoffbeuteln portionsweise verpackt.

Die Zubereitung des Futters erfordert nur geringen Aufwand. Da der Hund sein Futter nicht kaut, sondern schlingt, wird das Fleisch in maulgerechte Happen geschnitten, aber nicht wie Hackfleisch zerkleinert. Viele Hundefutterhändler nehmen dem Käufer diese Arbeit ab. Das frische oder aufgetaute Fleisch wird mit heißem Wasser angebrüht. So bleibt es innen roh, wird aber leicht erwärmt. Eiskaltes Futter ist Gift für den Hundemagen.

Als pflanzliche Ergänzung können gekochte Haferflocken, Graupen oder Reis zugegeben werden. Einfacher geht es mit „Hundeflocken", einem Gemisch getoasteter und daher verdaulicher Getreideerzeugnisse mit ausreichendem Rohfasergehalt. Zwei Maß Flocken werden einem Maß Fleisch mit warmem Wasser zugemischt. Das Futter soll dickbreiig, nie suppig sein. Junghunde erhalten Flocken und Fleisch zu gleichen Raumteilen. Von Fall zu Fall sollen die Flocken ganz oder teilweise durch Gemüse ersetzt werden, das mit einer Gabel zerdrückt wird. Es schadet nichts, wenn Essenreste leicht gesalzen sind. Der

Hund braucht Kochsalz für eine einwandfreie Nierentätigkeit. Hülsenfrüchte und Kohl gehören allerdings nicht ins Hundefutter. Sie sind schwer verdaulich und verursachen Blähungen.

Rohkost, insbesondere fein zerkleinerte Möhren und Äpfel, sind eine sättigende und vitaminreiche Futterergänzung. Auch gehackte Petersilie oder Kresse und frische Obst- und Gemüsesäfte können das Vitaminangebot vervollständigen.

Zur Versorgung mit ungesättigten Fettsäuren – wichtig zum Beispiel für Haut und Haar – kann dem Futter einmal wöchentlich ein Teelöffel Pflanzenöl zugesetzt werden. Auch eine Scheibe Brot mit Pflanzenmargarine ist eine vorzügliche Ergänzung, insbesondere gut durchgebackenes Roggenbrot. Brot soll aber nie eingeweicht werden.

Für den Junghund ist eine ausreichende Vitamin-D-Versorgung zur Verhütung der Knochenweiche (Rachitis) besonders wichtig. Überdosierungen sind aber schädlich. Anstelle des Lebertrans sollten daher genau dosierbare Vitamin-D-Präparate nach tierärztlicher Verordnung gegeben werden. Bierhefe – Bestandteil vieler Hundeflocken – enthält auch B-Vitamine. Für den jungen Hund ist die Zufütterung von „Futterkalk" für Wachstum und Knochenbau unerläßlich. Aber auch der erwachsene Hund braucht eine Mineralstoffergänzung, weil selbstzubereitetes Futter nicht alle Stoffe in ausreichender Menge enthält. Speziell für den Bedarf des Hundes zusammengestellte Mittel sind besser und billiger als Kalktabletten für Menschen.

Knochen enthalten Mineralstoffe, sind aber schwer verdaulich und können hartnäckige Verstopfungen verursachen. Ihr Wert liegt vor allem in der Gebißpflege und der „Gymnastik" für die Kaumuskulatur. In Maßen können daher Hunde mit gesunden Zähnen Kalbs- oder Rinderknochen erhalten. Hundekuchen oder Kauknochen aus Büffelhaut erfüllen allerdings den gleichen Zweck. Ältere Tiere mit Verdauungsproblemen oder Zahnkrankheiten müssen auf Knochen verzichten. Harte Röhrenknochen, vor allem von Geflügel, können splittern und Darmverletzungen verursachen. Kotelettknochen können in der Speiseröhre steckenbleiben. Sie gehören in den Mülleimer.

Fastentage müssen wildlebende Fleischfresser oft einlegen. Für Hunde mit Übergewicht ist ein Fastentag in der Woche ein probates Mittel zum Abnehmen. An den übrigen Tagen darf er sich einmal täglich sattfressen. Die fettarme Fleischgrundlage wird allerdings mit nährstoffarmer Lunge gestreckt, und statt Flocken gibt es Weizenkleie und Rohkost. Einfacher, aber teurer, ist Diät-Fertigfutter.

Jessy (links); – Mona (rechts); V.: Mikro-Grouse of Tarsia, M.: Spectrum of Tarsia (Z.: Marquardt, Bes.: J. Kraus)

Wasser, immer frisch und sauber, nie eiskalt, muß dem Hund ständig zur Verfügung stehen. Ein gesunder Hund trinkt zwar bei normal feuchtem Futter kaum, muß aber doch bei Hitze, nach Anstrengungen oder zu bestimmtem Futter seinen Durst löschen können. Ständig stark vermehrter Durst ohne erkennbaren Grund ist ein Krankheitszeichen.

Patentrezepte

Fragt man zehn Hundeexperten, erhält man sicher wenigstens neun „bewährte, für diese Rasse einzig richtige" Ernährungsanleitungen, von denen acht völlig richtig sind. Trotz aller Erfahrung und wissenschaftlicher Akribie gibt es gottlob viele Möglichkeiten, seinen Hund artgemäß und ausreichend zu ernähren. Man muß nur die angeführten Ernährungsregeln mit etwas Verständnis beachten – sei es mit Fertigfutter, sei es mit einem eigenen, auf Haushalt, Hund und Geldbeutel abgestellten Spezialrezept, sei es auch mit beidem.

Gesundheit

Vorbeugen ist besser als Heilen

Artgerechte Haltung, Pflege und Ernährung sind Voraussetzungen für die Gesundheit. Das seelische Wohlbefinden des Hundes ist so wichtig wie das körperliche. Der gesunde Hund nimmt aufmerksam und lebhaft Anteil an seiner Umgebung. Er ist kräftig und ausdauernd. In der Ruhe atmet er 10- bis 20mal, das Herz schlägt 70- bis 100mal in der Minute. Die Körpertemperatur liegt um 38,5 °C. Gesundheit ist nicht nur „Freisein von Krankheiten", sie schließt auch Widerstandskraft gegen Infektionen ein.

Das Haarkleid schützt nicht nur gegen Wind und Wetter. Ein glattes, glänzendes, dicht anliegendes Fell ist auch Zeichen von Gesundheit. Der Jack-Russell-Terrier soll täglich mit einer Spezialbürste gestriegelt werden. Ein Kamm wird nicht benutzt. Damit könnten auch gesunde Haare ausgerissen und kleinste Hautverletzungen verursacht werden. Besonders wichtig ist das Bürsten während des Haarwechsels im Frühjahr und zum Winteranfang. Durch Baden kann der schützende Säuremantel der Haut zerstört und das Haar entfettet werden. Der Jack-Russell-Terrier wird deswegen nur ausnahmsweise gebadet, zum Beispiel wenn er sich nach Hundeart in Aas oder Kot gewälzt hat. Dann wird er lauwarm geduscht und mit Hundeshampoo oder mildem Haarwaschmittel, nie jedoch mit Seife oder Spülmittel gewaschen. Nach gründlichem Ausspülen wird das Fell trockengerieben. An einem warmen, zugfreien Ort muß das Fell trocknen, ehe der Hund wieder hinaus darf.

Etwas ganz anderes ist das Baden in freier Natur. Jack-Russell-Terrier sind gute und häufig begeisterte Schwimmer. An heißen Sommertagen sei ihnen eine Erfrischung gegönnt. Die natürlichen Schutzeinrichtungen von Haut und Haar werden sie vor Erkältungen bewahren.

Stumpfes Haar, ständiger Haarausfall und starker Geruch deuten auf innere Erkrankungen hin. Die Haut soll frei von Schuppen und Rötungen sein, kein Juckreiz soll den Hund plagen.

Flöhe, Läuse und Haarlinge kann auch der gepflegteste Hund von einer Hundebegegnung mitbringen. Bei Juckreiz wird als erstes die Haut auf Flohstiche – bis zu linsengroße, geschwollene Rötungen – und das Fell auf Parasitenkot – kleine schwarze Pünktchen – abgesucht. Lieblingssitze der ungebetenen Gäste sind die Innenflächen der Hinterbeine, die Achselhöhlen und die Ohrmuscheln. Bei leichtem Befall genügt ein Flohpuder oder -spray. Wirksamer sind Waschlösungen, die das Fell bis auf die Haut benetzen oder verschreibungspflichtige Mittel, die auf die Haut getropft werden und bis zu vier Wochen wirken. Das Ablecken solcher Mittel muß aber unbedingt verhindert werden.

„Anti-Floh-Halsbänder" geben bis zu vier Monate gas- oder puderförmige Wirkstoffe ab. Manche Halsbänder verlieren allerdings durch Nässe an Wirksamkeit. Bei Flohbefall muß immer das Lager des Hundes mitbehandelt werden. Moderne Spezialmittel töten dabei nicht nur „erwachsene" Flöhe, sondern stoppen auch die weitere Entwicklung der Flohlarven. Hundedecken werden am besten ausgekocht, Teppiche regelmäßig gesaugt und Stroh in einer Hundehütte gewechselt.

Zecken lassen sich aus dem Gebüsch auf den Hund fallen, beißen sich in der Haut fest und saugen sich mit Blut voll. Sie sehen dann wie prallgefüllte graubraune bis zu kirschkerngroße Säckchen aus. Zecken dürfen nicht einfach ausgerissen werden. Dabei können die Beißwerkzeuge in der Haut steckenbleiben und zu Entzündungen führen. Man betäubt die Zecke mit Alkohol oder hüllt sie mit Öl ein und wartet etwa zehn Minuten. Am sichersten wirkt ein Spraystoß mit einem insektiziden „Desinsektspray". Die betäubte oder tote Zecke wird vorsichtig aus der Haut herausgedreht.

Die Ohren sollten alle vier Wochen gereinigt werden. Mit Wattestäbchen kann man das Trommelfell zwar kaum verletzen, das Ohrenschmalz aber in der Tiefe zusammenstopfen. Besser ist ein alkoholischer Ohrreiniger, der randvoll ins Ohr eingegossen und bei zugedrückter Ohrmuschel durchmassiert wird. Das gelöste Ohrschmalz kann der Hund dann selbst ausschütteln, vorzugsweise im Freien. Dunkle, übelriechende Beläge im Ohr zeigen eine Entzündung an. Meist wird der Hund sich dann auch am Ohr oder – scheinbar – am Halsband kratzen und den Kopf schütteln. Ursache des „Ohrenzwanges" können Ohrenmilben, Grasgrannen oder andere Fremdkörper sowie Bakterien und Pilze sein. Wenn zwei- bis dreimalige gründliche

Reinigung mit dem Ohrreiniger keine Besserung bringt, ist eine gezielte Behandlung erforderlich.

Die Augen werden mit einem Stückchen Mullbinde oder einem Taschentuch vom „Schlaf" gereinigt. Fusseln von Watte oder Papiertaschentüchern reizen die Schleimhäute. Bindehautentzündungen können auch durch Zugluft, Staub oder starke Sonne verursacht werden. Besonders anfällig sind Hunde, deren Augenlider am Augapfel nicht eng anliegen. Das kommt bei Jack-Russell-Terriern gottlob nur äußerst selten vor. Zur Linderung werden Augentropfen in den heruntergezogenen Bindehautsack geträufelt. Borwasser wird heute nicht mehr verwendet, weil feine Kristalle als Fremdkörper wirken können. Länger andauernder wäßriger, schleimiger oder eitriger Augenausfluß sollte nicht mit Hausmitteln kuriert werden. Es könnte eine Infektion vorliegen. Wucherungen auf der Rückseite der Nickhaut müssen meist operativ behandelt werden.

Die Zähne werden durch Hundekuchen oder Knochen ausreichend gereinigt. Auch die Tortur des Zähneputzens kann Zahnstein nicht verhindern. Zur Entfernung weicher Beläge eignet sich am ehesten ein Wattebausch, getränkt mit dreiprozentiger Wasserstoffsuperoxydlösung. Zahnstein ist ein fest anhaftender brauner Belag aus verhärteten Salzen. Fauliger Mundgeruch durch Zahnfleischentzündungen und -vereiterungen sowie Zahnausfall sind die Folgen. Zahnstein sollte frühzeitig fachkundig entfernt werden. Lose Zähne müssen gezogen werden.

Da der Hund keine Beute jagen, festhalten oder zerreißen muß, kann er auf schmerzende Zähne gut verzichten. Nach Entfernung der Eiterherde wird er sich auch allgemein wohler fühlen, denn sie können den Körper vergiften und zum Beispiel chronische Herzklappenentzündungen auslösen. Auch Milchhakenzähne, die beim Zahnwechsel nicht ausfallen, müssen gezogen werden. Sie können zu Stellungsfehlern im bleibenden Gebiß führen.

Die Analbeutel sollen eigentlich bei jedem Kotabsatz eine individuelle Duftmarke zur Revierkennzeichnung hinterlassen. Infolge der Domestikation funktioniert die Entleerung häufig nicht richtig. Sekretstauungen sind die Folge. Den Juckreiz versucht der Hund vergeblich durch Rutschen auf dem After zu beseitigen. Dieses „Schlittenfahren" ist entgegen landläufiger Vermutung fast nie auf Wurmbefall zurückzuführen. Stark gefüllte Analbeutel müssen fachkundig ausgedrückt, vereiterte müssen tierärztlich behandelt werden.

Die Krallen werden bei regelmäßiger Bewegung auf festem Untergrund ausreichend abgelaufen. Nur bei krankhaftem Hornwachstum oder Stellungsfehlern müssen sie geschnitten werden. Dabei soll die in der Kralle verlaufende Ader nicht verletzt werden. „Wolfskrallen", Überbleibsel der an sich verkümmerten fünften Zehe an den Hinterläufen, können bei Verletzungen stark bluten. Sie sollten vorsorglich amputiert werden. Das geschieht üblicherweise schon bei neugeborenen Welpen.

Erste Hilfe tut not

Hautverletzungen müssen genau inspiziert werden. Oberflächliche Abschürfungen und Schrunden können mit Hausmitteln behandelt werden. Auf jeden Fall werden im Bereich der Verletzungen die Haare mit einer gebogenen Schere kurz abgeschnitten. Sie verkleben sonst mit dem Wundsekret; Vereiterung ist die Folge. Die Wunde wird mit Wundgel, -spray oder -tinktur behandelt. Fetthaltige Salben behindern den heilungsfördernden Luftzutritt, Puder verkrustet.

Bei tieferen Wunden mit Durchtrennung der Haut sollte umgehend ein Tierarzt zugezogen werden. Bei Beißereien und Stacheldrahtverletzungen wird die Haut oft vom Körper losgerissen, so daß tiefe Taschen entstehen. Haare und Schmutz in der Tiefe der Wunden müssen so weit wie möglich entfernt werden. Von Fall zu Fall ist zu prüfen, ob eine „offene Wundbehandlung" oder eine Naht besser ist. Nur frische Wunden können mit Aussicht auf komplikationslose Heilung genäht werden.

Eine offene, aus der Tiefe nässende oder eiternde Wunde darf der Hund belecken. In allen anderen Fällen wird die Wundheilung behindert, weil die zarten Heilungszellen am Wundrand gestört werden. Das Belecken von Wunden und das Abreißen von Verbänden können durch einen Halskragen verhindert werden. Aus einem passenden Plastikeimer wird der Boden herausgeschnitten. Die Schnittkanten werden abgepolstert, der Halskragen an vier Stellen durchlöchert und mit Bindfäden versehen, die am Lederhalsband festgebunden werden. Einfacher, aber teurer, sind fertige Halskragen vom Tierarzt.

Wundstarrkrampf ist beim Hund selten. Impfungen sind daher nicht üblich. Zur Vorbeuge sollen Wunden ausbluten und nicht luftdicht abgedeckt werden. Wenn größere Adern verletzt sind, kommt es zu andauernden, starken Blutungen. Häufig tritt Blut im Strahl aus. Dann muß zur ersten Hilfe ein Druckverband angelegt werden. An ungünstigen Körperstellen wie am Kopf kann auch von Hand eine Kompresse aufgedrückt werden. Gliedmaßen können abgebunden werden, die Abbindung muß aber viertelstündlich kurz gelöst werden. In solchen Fällen ist stets umgehend tierärztliche Hilfe erforderlich.

Unfälle können auch zu inneren Verletzungen und Gehirnerschütterungen führen. Bei Bewußtseinstrübungen soll nie Flüssigkeit eingeflößt werden. Die Maulscheimhaut kann aber mit Kaffee, Tee oder auch einfach mit Wasser befeuchtet werden. Der Hund wird seitlich mit tiefliegendem Kopf und herausgezogener Zunge auf einer Decke gelagert, die, von zwei Personen an den Ecken strammgezogen, auch als „Tragbahre" dient. Am Unfallort sind meistens die Diagnose und vor allem eine wirksame Schockbehandlung erschwert. Telefonisch sollte zur Vermeidung unnötiger Wege und Zeiten ein dienstbereiter Tierarzt verständigt und umgehend aufgesucht werden.

Lahmheiten können viele Ursachen haben. Als erstes wird die Pfote untersucht. Dornen oder Splitter werden ausgezogen. Verfilzte Haare drücken zwischen den Ballen wie ein Stein im Schuh; sie werden daher vorsichtig ausgeschnitten. Wunde Stellen werden wie Hautverletzungen behandelt. Im Winter müssen Streusalzreste von den Pfoten abgewaschen werden. Bei Krallenbettentzündungen können warme Kamillen- oder Seifenbäder Linderung bringen. Lose Krallenteile werden an der Bruchstelle beherzt abgeschnitten. In vielen Fällen ist ein Verband erforderlich. Er muß fachkundig angelegt werden, um Druckstellen zu vermeiden.

Bei Schwellungen, Prellungen und Verstauchungen kann das Fell des betroffenen Körperteils mehrmals täglich mit kaltem Wasser durchnäßt werden. Das wirkt wie ein Kühlverband, lindert den Schmerz und hemmt – frühzeitig angewendet – weitere Schwellungen. Wenn ein Bein überhaupt nicht belastet wird, besteht Verdacht auf Knochenbruch. Bei stark abnormer Beweglichkeit können die Gliedmaße durch eine Notschiene ruhiggestellt werden. Ein feuchtes Tuch, zwei ausreichend lange Stöcke und Binden oder Leukoplast genügen fürs erste. Die benachbarten Gelenke müssen mit fixiert werden.

Andauernde, wiederkehrende oder sich verschlimmernde Bewegungsstörungen sind stets ein Fall für den Tierarzt. Bei Junghunden können schmerzhafte Knochenauftreibungen oder Ablösungen des Ellenbogenhöckers zu Lahmheiten führen. Ältere Hunde leiden oft unter chronischen Gelenkentzündungen. Die Hüftgelenksdysplasie

Vlietstede Dinky im Alter von 8 Monaten; V.: Quinty van't Runsel, M.: Kingsway Tiny (Z.: de Gruyter, Bes.: Chr. Lindenberg-Beste)

(HD) ist erblich veranlagt: Eine Abflachung der Gelenkpfanne begünstigt Arthrosen und Verrenkungen. Im Alter können auch die Rückenmarkshäute verknöchern. Dadurch werden die Nerven eingeklemmt. Zunehmende Nachhandschwäche bis hin zur Lähmung ist die Folge. Relativ oft wird das Humpeln auf einem Hinterbein durch eine Ausrenkung der Kniescheibe oder durch Riß von Bändern bedingt, die operativ fixiert werden müssen.

Vergiftungen sind meist „Unglücksfälle" und nur selten böse Absicht. Rattengift kann bei unsachgemäßem Auslegen direkt, aber auch mit vergifteten Nagetieren aufgenommen werden. Meist handelt es sich um Cumarinpräparate, die zu inneren Blutungen führen. Vorsicht ist auch bei Schädlings- und Unkrautbekämpfungs- sowie bei Frostschutzmitteln geboten. Hochgiftige Thallium-, Zinkphosphid- und Arsenzubereitungen, Blausäure und Strychnin sind heute gottlob kaum noch erhältlich. Die besten Überlebenschancen bestehen, wenn man „nach frischer Tat" das Gift wieder aus dem Magen herausbefördern kann.

Der Tierarzt kann Erbrechen durch eine Spritze auslösen, der Laie durch Eingeben von zwei bis drei Teelöffeln Salz. Nach dem Erbrechen kann eine Aufschwemmung von etwa zehn Kohlekompretten eingeflößt werden. Milch wird nicht gegeben, weil verschiedene Gifte fettlöslich sind. Etwa vorhandene Hinweise auf die Art des Giftes ermöglichen eine rechtzeitige, gezielte tierärztliche Behandlung. Ungewisser sind die Aussichten, wenn Vergiftungsfolgen wie Krämpfe, Mattigkeit oder Brechdurchfall schon eingetreten sind, die Ursache aber nur vermutet werden kann. Eine genaue Diagnose ist oft erst durch Spätschäden wie Blutungen oder Haarausfall möglich. Dann kann es für eine Rettung bereits zu spät sein.

Durchfall ohne Fieber bessert sich häufig nach einem Fastentag: Der Hund erhält ausschließlich stark verdünnten Tee mit einer Prise Salz, aber ohne Zucker. Zur Geschmacksverbesserung ist Süßstoff erlaubt. Zusätzlich ist es nie verkehrt, eine Aufschwemmung von Kohlekompretten einzugeben. Keinesfalls darf Durchfall mit Wasserentzug „behandelt" werden; der Körper würde zu stark austrocknen. Am zweiten Tag erhält der Hund in kleinen Portionen ein Diätfutter, zum Beispiel Beefsteakhack, Schmelzflocken und rohen geriebenen Apfel. Am dritten Tag muß der Kot zumindest wieder dickbreiig sein.

Verstopfungen lassen sich oft durch rohe Leber oder Milz oder einige Teelöffel süßer Dosenmilch beheben. Bei krampfhaft vergeblichem Drängen kann ein Mikroklistier Erfolg bringen. Bei einer Verhärtung von Knochenteilen im Enddarm hilft allerdings meist nur ein fachgerechter Einlauf.

Erbrechen ist keine selbständige Krankheit. Einmaliges Erbrechen kann durch zu hastiges Fressen, zu kaltes Futter oder Aufnahme von Fremdkörpern ausgelöst werden. Gelegentliches Erbrechen ist beim Hund ohne große Bedeutung. Um zu erbrechen, frißt der Hund häufig Gras. Geschieht dies regelmäßig oder wird ständig das Futter erbrochen, muß ein Tierarzt hinzugezogen werden. Auch Durchfall und Erbrechen mit Fieber sind kein Fall für Hausmittel.

Scheinschwangerschaft tritt bei manchen Hündinnen etwa acht Wochen nach der Läufigkeit auf. Sie sind unruhig, „bemuttern" irgendwelche Gegenstände, fressen schlecht und erbrechen gelegentlich. Das Gesäuge schwillt. Milch bildet sich. Abhilfe schafft häufig wenig Fressen und Trinken bei viel Bewegung und Beschäftigung. Das Gesäuge kann mehrmals täglich mit kaltem Wasser befeuchtet werden, um Schwellung und Milchproduktion zu hemmen. Keineswegs soll die

Milch ausgedrückt werden. Damit würde nur die weitere Milchbildung angeregt. Bei sehr starker Gesäugeschwellung und trotz Hausmitteln nicht nachlassenden Erscheinungen muß der Tierarzt verständigt werden.

Insektenstiche, vor allem durch das Schnappen nach Wespen und Bienen verursacht, können schnell zu erheblichen Schwellungen am Kopf oder, noch schlimmer, im Rachen führen. Äußerliche Kühlung mit Eiswürfeln und eine Tablette gegen Allergie – falls zur Hand – ersparen oft nicht die möglichst rasche tierärztliche Behandlung.

Alarmzeichen

Fieber ist eine Abwehrreaktion des Körpers, meist auf Infektionen. Die Hundenase kann auch beim kranken Hund feucht und kühl sein. Die Temperatur muß mit einem Fieberthermometer, je nach „Bauart" des Hundes, bis zu fünf Minuten im Mastdarm gemessen werden. Sie darf nicht über 39 °C liegen. Untertemperaturen unter 37,5 °C entstehen infolge einer Reduzierung der Stoffwechselvorgänge häufig vor dem Tod.

Husten, als ob ein Knochen im Hals säße, tritt bei Mandelentzündungen auf. Ernstere Infektionen wie Zwingerhusten oder gar Staupe könnten auch vorliegen. Pumpende Atmung entsteht durch eine Lungenentzündung, aber auch durch Wasseransammlung in der Lunge, zum Beispiel infolge von Vergiftungen. Bei alten Hunden kann der damit verbundene Husten auch auf eine Herzschwäche zurückzuführen sein. Bauchpressen und Aufblasen der Backen sind Zeichen höchster Atemnot.

Schleimhäute im Auge und im Fang geben Hinweis auf innere Erkrankungen: Blässe deutet auf Blutarmut hin, Gelbfärbung auf Leberschäden mit Gelbsucht, Blutungen auf schwere Infektionen oder Vergiftungen, eine bläuliche Färbung tritt bei Herz- und Kreislaufschwäche auf.

Kot und Urin mit Blutbeimengungen lassen schwerwiegende krankhafte Veränderungen erkennen. Bei Blutungen im Magen und in den vorderen Darmabschnitten kann der Stuhl durch das verdaute Blut pechschwarz aussehen. Nierenerkrankungen können auch mit erhöhtem Durst verbunden sein. Wenn Mattigkeit und Mundgeruch hinzukommen, ist meist bereits eine Harnvergiftung eingetreten. Harnsteine, Blasenriß oder Vergiftungen können dazu führen, daß überhaupt kein Urin mehr abgesetzt wird; dann besteht höchste Gefahr.

Geschwülste, Prostatavergrößerungen und Mastdarmveränderungen erschweren den Kotabsatz. Verhärtete Knochenteile können den Enddarm völlig verstopfen. Erbrechen und zunehmende Mattigkeit bei fehlendem Kotabsatz sprechen für einen Darmverschluß oder einen Fremdkörper im Darm.

Speicheln wird im harmlosesten Fall durch Fremdkörper in der Maulhöhle oder durch lose Zähne verursacht, bedenklicher wäre eine E-605-Vergiftung oder Pseudowut, schlimmstenfalls ist an Tollwut zu denken.

Umfangsvermehrungen des Bauches bei sonst normalem Ernährungszustand oder zunehmende Abmagerung können durch Tumore oder Bauchhöhlenwasser hervorgerufen werden. Bei einer Gebärmuttervereiterung besteht gleichzeitig fast immer starker Durst, gelegentlich auch Scheidenausfluß. Eine plötzliche Aufblähung des Bauches mit Kolik und Kreislaufschwäche, bedingt durch eine Magendrehung, erfordert unverzügliche Operation. Eine Entzündung der Kaumuskeln mit Schwellung und Verhärtung sowie hervortretenden Augäpfeln muß sofort tierärztlich behandelt werden.

Infektionen bedrohen die Gesundheit

Staupe und ansteckende Leberentzündung (Hepatitis) sind Viruskrankheiten, die für Junghunde besonders gefährlich sind, aber auch ältere Hunde befallen. Staupe beginnt mit einem häufig kaum merkbaren kurzen Fieber, dem nach etwa acht Tagen eine schwere Lungenentzündung mit eitrigem Augen- und Nasenausfluß oder ein Durchfall folgt. Eine besondere Verlaufsform ist mit einer Verhärtung der Ballen verbunden. Nach scheinbarer Besserung treten nervöse Erscheinungen bis hin zu Krämpfen auf, die meistens zum Tod führen. Nach überstandener Staupe bleibt häufig ein nervöses Zucken der Kopfmuskeln, der „Staupetick", nach Erkrankungen im Junghundalter das „Staupegebiß" mit erheblichen Zahnschmelzdefekten zurück. Die ansteckende Leberentzündung verläuft ähnlich, mit hohem Fieber, Apathie und Appetitlosigkeit. Hornhauttrübungen können bleibende Folgeschäden sein.
Stuttgarter Hundeseuche (Leptospirose) wird durch Bakterien verursacht und von Hund zu Hund übertragen. Sie beginnt häufig mit einer Schwäche in den Hinterbeinen. Geschwüre im Maul, Magen und Darm sind mit aasartig-faulem Maulgeruch und blutigem Durchfall verbunden.

Tollwut tritt bei Hunden nur noch selten auf. Die Seuche wird vor allem durch Füchse übertragen. Hinweisschilder warnen in gefährdeten Gebieten vor Tollwut. Die Krankheit ist besonders tückisch: die typischen Wuterscheinungen wie heiseres Gebell, Wasserscheue, Unruhe und unmotivierte Beißwut fehlen häufig. Die „stille Wut" ist im Anfangsstadium schwer zu erkennen. Ein erkranktes Tier stirbt immer.

Parvovirose ist bei uns erst seit einigen Jahren aufgetreten. Der Erreger ähnelt dem Katzenseuchevirus. Die Seuche wurde zunächst auf Ausstellungen verbreitet. Die Ansteckung erfolgt über die Ausscheidungen von Hund zu Hund. Bei Welpen tritt plötzlicher Herztod auf, ältere Hunde sterben nach unstillbarem, blutigem Durchfall und Erbrechen.

Impfungen schützen vor diesen Infektionskrankheiten

Welpen in gefährdeten Zuchten oder ungeimpfte Hunde mit verdächtigen Krankheitserscheinungen können mit einem Serum behandelt werden, das fertige spezifische Abwehrstoffe enthält. Diese „passive Immunisierung" schützt aber nur für zwei bis drei Wochen. Der Käufer eines Hundes sollte den Impfpaß daraufhin genau prüfen.

Länger dauernden Schutz vermittelt nur die „aktive" Schutzimpfung. Dabei werden abgeschwächte oder abgetötete Infektionserreger eingeimpft. Der Körper reagiert darauf mit der Bildung eigener Abwehrstoffe. Bei den heute üblichen Kombinationsstoffen kennzeichnen die Buchstaben S, H, L, T und P die Wirksamkeit gegen die in Frage kommenden Seuchen. Welpen werden mit sieben bis acht Wochen das erste Mal geimpft und müssen dann mit zwölf Wochen nachgeimpft werden. Bei älteren Hunden genügt eine einmalige Grundimmunisierung.

Der einmal gebildete Impfschutz baut sich im Laufe der Zeit ab. Kommt der Hund mit betreffenden Seuchenerregern in Berührung, so wird die Antikörperbildung aufgefrischt. Ist der Impfschutz aber bereits zu stark abgesunken, kann der Hund erkranken. Deshalb sind Auffrischungsimpfungen im Abstand von ein bis zwei Jahren erforderlich.

Ein sicherer Impfschutz des Hundes ist auch für den Menschen wichtig. Erkrankte Hunde können Leptospiren übertragen, die beim Menschen das „Canicola-Fieber" oder die „Weilsche Krankheit" hervorrufen. Hundetollwut ist wegen des engen Kontaktes für Menschen viel gefährlicher als Wildtollwut. Geimpfte Hunde übertragen keine Tollwut. Nach einem Kontakt mit verdächtigem Wild brauchen sie deshalb auch nicht getötet zu werden, wie dies für ungeimpfte Hunde gesetzlich vorgeschrieben ist. Schließlich können sie auf Auslandsreisen mitgenommen werden.

Gegen andere Infektionen schützt Vorsicht

Toxoplasmose wird durch einzellige Schmarotzer hervorgerufen. Ihr Stammwirt ist die Katze. Bei anderen Tieren werden ansteckungsfähige Dauerformen gebildet. Hunde erkranken überwiegend durch infiziertes Schweinefleisch. Für die Ansteckung des Menschen wurden sie früher zu Unrecht verantwortlich gemacht.
Aujeszkysche Krankheit wird ebenfalls durch Schweinefleisch übertragen. Unstillbarer Juckreiz, Unruhe, Ängstlichkeit und Speichelfluß haben gewisse Ähnlichkeit mit Tollwut. Die Krankheit wird daher auch „Pseudowut" genannt. Schweinefleisch und in der Zusammensetzung unbekannte Fleischmischungen (zum Beispiel aus Supermärkten) müssen deshalb gut durchgekocht werden. Fertigfutter und Rindfleisch sind dagegen unbedenklich.
Zwingerhusten tritt vor allem in Tierheimen und Hundehandlungen auf. Unter begünstigenden Umständen lösen Viren und Bakterien gemeinsam Entzündungen von Luftröhre und Bronchien aus. Kennzeichnend ist ein kurzer, trockener Husten. Sekundärinfektionen können den Krankheitsverlauf verschlimmern. Einen gesunden Hund kauft man mit größerer Wahrscheinlichkeit beim Züchter. Während des Urlaubs sollte man seinen Hund nicht in unbekannte Heime oder Pensionen geben oder vorsorglich auch gegen Zwingerhusten impfen lassen.

Wurmkuren gegen unerwünschte Kostgänger

Spulwürmer können bei Junghunden zu Verdauungs- und Entwicklungsstörungen, zu Vergiftungserscheinungen und sogar zum Tod führen. Fast alle Welpen werden im Mutterleib mit Spulwürmern infiziert. Die ersten Wurmkuren soll schon der Züchter durchführen. Junghunde werden vierteljährlich entwurmt. Ältere Hunde beherbergen nur noch einzelne Würmer. Sie richten zwar keinen großen Schaden an, sind aber eine ständige Infektionsquelle. Hündinnen sollten sechs Wochen nach jeder Läufigkeit, Rüden einmal jährlich entwurmt werden. Bei festgestelltem Wurmbefall ist eine sofortige Entwurmung mit einer Wiederholungsbehandlung nach zwei bis drei Wochen erforderlich. Rohe Möhren garantieren keine Wurmfreiheit. Wirksame und verträgliche Mittel sind verschreibungspflichtig. Sie wirken auch gegen andere Rundwurmarten, zum Beispiel gegen Hakenwürmer.

Spulwürmer sind auf ihre Wirtstierarten spezialisiert; wenn der Mensch Hundespulwurmeier aufnimmt, schlüpfen zwar Larven und beginnen ihre Wanderung im Körper, sie bleiben jedoch in Organen oder Muskeln stecken und können dort schmerzhafte Entzündungen verursachen. Besonders gefährdet sind „Krabbelkinder". Wurmkuren dienen daher auch dem Gesundheitsschutz der Familie. Auf Kinderspielplätzen haben Hunde nichts zu suchen.

Bandwürmer brauchen für ihre Entwicklung stets einen Zwischenwirt. Für den Hundebandwurm ist dies der Floh. Er nimmt die Wurmeier auf, aus denen sich eine Finne entwickelt. Der Hund „knackt" den Floh – die Finne wächst im Hundedarm zum fertigen Bandwurm aus. Mit dem Kot erscheinen nach geraumer Zeit einzelne kürbiskernförmige, anfangs noch bewegliche Bandwurmglieder oder ein längeres, deutlich gegliedertes Wurmende.

Die meisten Spulwurmmittel sind gegen Bandwürmer unwirksam. Heute gibt es aber gut verträgliche und sicher wirkende Bandwurmmittel. Zur Bandwurmkur gehört stets eine Flohbehandlung von Hund und Lager.

Besonders bei Jagdhunden kann auch der „gesägte Bandwurm" auftreten, dessen Zwischenwirte Hasen und Kaninchen sind. Andere Bandwurmarten, die durch Fisch oder Wild, Rinder- oder Schafeingeweide übertragen werden, kommen seltener vor. Dazu zählt der „dreigliedrige Bandwurm", der auch dem Menschen gefährlich werden kann.

Der Hund sollte zur Vorbeuge keine rohen „Konfiskat"-Innereien erhalten und daran gehindert werden, Kadaver von Wildtieren anzufressen. Für Menschen besonders gefährlich ist der vor allem in einigen Gegenden Süddeutschlands verbreitete „Fuchsbandwurm", der auch durch Hunde übertragen werden kann. Neben regelmäßigen Bandwurmkuren ist es die beste Vorbeuge, den Hund in Wald und Flur anzuleinen.

Foxwarren Digger – ein tadelloser Vertreter seiner Rasse (siehe auch Seite 54)

Kleine Hausapotheke für den Hund

Zur Pflege und zur Ersten Hilfe sollten einige Instrumente und Medikamente bereitgehalten werden. Sie sind kindersicher, kühl und trokken aufzubewahren.

Wenn unser Hund zu Reisekrankheit neigt, unter Rheuma leidet und häufiger bestimmte andere Wehwehchen hat, werden die tierärztlich verordneten Medikamente vorrätig gehalten, um auf bewährte Weise rasch helfen zu können.

Vitamin- und Mineralstoffpräparate werden dort aufbewahrt, wo sie gebraucht werden: in der „Futterküche".

Jack-Russells nehmen auch formidable Gegner an!

Zehn Tips für den Besuch beim Tierarzt

1 Nach Möglichkeit sollte der Hund in der Praxis des Tierarztes vorgestellt werden. Dort kann eine Erkrankung besser erkannt und behandelt werden.
2 Bei Verdacht auf ansteckende Krankheiten lassen Sie sich aber vom Tierarzt einen Sondertermin geben, oder bitten Sie ihn um einen Hausbesuch, um andere Hunde im Wartezimmer nicht anzustecken.
3 Mit einem unruhigen Hund wartet man besser im Auto, bis man an der Reihe ist.
4 Der Hund muß systematisch dazu erzogen werden, sich untersuchen zu lassen. Manipulationen an den Ohren, Öffnen des

Fanges und Fiebermessen können geübt werden! Auf dem Untersuchungstisch muß der Hund beruhigt werden. Dazu müssen Sie selbst ruhig bleiben, erforderlichenfalls aber auch energisch werden.

5   Der Hund kann nicht sprechen. Daher müssen Sie Krankheitserscheinungen und -dauer genau schildern. Das erleichtert dem Tierarzt die Diagnose.
6   Bei Verdauungsstörungen ist die Beschaffenheit des Kotes genau zu beschreiben. Es ist nie verkehrt, eine Kotprobe, abgegangene Würmer oder Fremdkörper mitzunehmen.
7   Bei Verdacht auf innere Erkrankungen kann vorsorglich auch eine in einem sauberen Gefäß aufgefangene Harnprobe mitgenommen werden.
8   Bringen Sie auch den Impfpaß mit!
9   Notieren Sie die Behandlungsanweisungen; erfahrungsgemäß wird vieles nach der Aufregung des Tierarztbesuches leicht vergessen oder verwechselt.
10 Denken Sie auch an den Stolz der Dame des Tierarzthauses: Verwehren Sie Ihrem Rüden das Beinheben an den Ziersträuchern im Vorgarten nach Verlassen der Praxis.

Gefahren für die menschliche Gesundheit?

Impfungen und Wurmkuren schränken Ansteckungsgefahren ein. Hygiene tut ein übriges: Selbstverständlich hat der Hund sein eigenes Lager und Futtergeschirr; beides ist peinlich sauber. Rasen und Wege werden von Hundekot freigehalten. Der Hund wird so erzogen, daß er das Gesicht nicht ableckt. Das Belecken der Hände ist Ausdruck seiner Zuneigung. Man darf ihn dulden, denn man kann sich die Hände anschließend waschen. Vorsichtige können Lager, Hütte und andere hygienegefährdete Stellen und Gegenstände regelmäßig desinfizieren. Die Mittel sollen gegen Viren, Bakterien und Pilze wirken. Zur Schnelldesinfektion eignet sich ein „Desinsektspray", der auch Ektoparasiten abtötet. Besonders angezeigt sind solche Maßnahmen, wenn der Hund eiternde Wunden, Ekzeme, Furunkel oder eine Vorhaut-, Zahnfleisch- oder Mandelentzündung hat. Diese Infektionen sind konsequent zu behandeln. Eitererreger können auch beim Menschen Komplikationen verursachen. Vorsicht ist stets bei schlecht heilenden oder sich ausbreitenden Ekzemen geboten: Räudemilben sind zwar auf

Tierarten „spezialisiert", können jedoch auch beim Menschen jukkende Hautrötungen verursachen. Hautpilzinfektionen sind auf Menschen übertragbar. Daher sollte man umgehend eine Spezialuntersuchung und Behandlung veranlassen. Pilzinfektionen entstehen beim Menschen in der Regel nur, wenn sich die Erreger länger als zwölf bis 24 Stunden auf der Haut einnisten können. Gründliches Waschen bannt die Gefahr. Zusätzliche Sicherheit bietet ein Handdesinfektionsmittel, das nach Berührung verdächtiger Stellen oder Ausscheidungen in die Hände eingerieben wird.

Allergien sind auch durch größte Sauberkeit nicht immer zu vermeiden. Einige Menschen reagieren bei Kontakt mit Tierhaaren und -hautteilen mit Ausschlägen oder Atembeschwerden. Katzen, Meerschweinchen und Vögel sind viel öfter als Hunde die Auslöser; viele andere pflanzliche und tierische Stoffe kommen hinzu. Die Allergieursache kann von einem Hautarzt durch Spezialtests auf der Haut ermittelt werden. Auf Verdacht braucht also kein Hund abgeschafft zu werden. Und vor der Anschaffung eines Jack-Russell-Terriers brauchen auch gesundheitsbewußte Hundefreunde nicht zurückzuschrecken.

Der alternde Hund

Wenige Menschen bringen den Begriff Würde in Zusammenhang mit Tieren. Üblicherweise sind es Worte wie Leistung, Schönheit oder Zuchtwert, mit denen man ein in der Blüte seiner Jahre stehendes Tier charakterisiert. Doch gerade bei alten Tieren, besonders aber Hunden, bekommen andere Werte eine vorrangige Bedeutung.

Wenn man ein Hundeleben lang einen treuen Partner hatte, mit ihm alle Freuden und Probleme teilen konnte, so schuldet man ihm ein würdevolles Alter. Man sollte dies nicht mit sinnlosem Verzärteln oder falschverstandener Tierliebe verwechseln. Es heißt schlicht und einfach, daß man den Hund mit Toleranz, Respekt und seinen körperlichen Fähigkeiten angepaßt behandelt. Seine kleinen Eigenheiten treten in diesem Lebensabschnitt stärker zutage und sollten mit Nachsicht und Verständnis gesehen werden. Abgenützte Zähne, Rheumatismus und andere Altersbeschwerden können durch vernünftige Haltung und ärztliche Behandlung in ihren Auswirkungen gemildert werden.

Ein englisches Sprichwort sagt: „Old dog, no new tricks", übersetzt etwa „Ein alter Hund lernt keine neuen Tricks". Das weist auf ein vermindertes Lernvermögen hin, das wir Menschen so abschätzig mit Altersstarrsinn bezeichnen. Der verminderten geistigen und körperlichen Leistungsfähigkeit Rechnung zu tragen, ohne der Kreatur ihren Stolz zu nehmen, heißt, einen Hund in Würde altern zu lassen.

Die meisten alten Tiere gleichen ihre Schwächen durch eine abgeklärte Souveränität aus; Ruhe, Überlegenheit, Lebensweisheit spiegeln sich in ihren Augen wieder.

Der Tod eines geliebten Tieres ist unvermeidlich und sollte nicht aus egoistischen Motiven hinausgeschoben werden. Auch das ist ein Teil der Würde, die wir unseren Tieren zugestehen sollten. Nichts ist unwürdiger, als ein künstlich verlängertes Siechtum, dem ein Hund hilflos ausgeliefert wird, weil sich sein Besitzer nicht von ihm trennen mag.

Regelmäßige Untersuchungen durch den Tierarzt und eine unvoreingenommene Einschätzung des Gesundheitszustandes sind angezeigt, um einem betagten Hund sinnloses Leiden zu ersparen.

Anschriften, die Sie kennen sollten

Bundesrepublik Deutschland
Verband für das Deutsche
Hundewesen e.V. (VDH)
Westfalendamm 174
W-4600 Dortmund 1

Jack-Russell-Club Deutschland
Frau Chr. Lindenberg-Beste
Hof Baumühle
W-3057 Neustadt 2/Laderholz

Österreich
Jack Russell Club
Herr Max
Sobieskigasse 33
A-1090 Wien

Schweiz
Jack Russell Terrier Club
Dr. med. vet. Jörg Willi
Postfach 62
CH-6210 Chursee

England
Kennel Club England
1 Clarges Street, Piccadilly
London W1Y 8AB

The Jack Russell Terrier Club
of Great Britain
Mrs. Ruth Wilford
Anvil Cottage, Clyst Hydon
Cullompton, Devon, England

Abkürzungen

WT = Wesenstest
JEP = Jagdeignungsprüfung
BP = Bauprüfung
ZP = Zuchtprüfung

Literatur

Beckmann, L.:	Rassen des Hundes.
Garms, H.:	Pflanzen und Tiere Europas. dtv, 1969.
Harmar, H.:	Jack Russell Terriers.
Hespeler, B.:	Die Baujagd. Verlag Dieter Hoffmann, 1985.
Horner, T.:	Die Terrier der Welt.
Huxham, M.:	All about the Jack Russell Terrier.
Jackson, J. & F.:	The Making of the Parson Jack Russell Terrier.
Plummer, D. B.:	The Working Terrier.
Plummer, D. B.:	The Complete Jack Russell Terrier.
Russell, D.:	Jack Russell and his Terriers.
Schwoyer, H.:	Ausbildung und Haltung des Jagdhundes. Franckh-Kosmos Verlag, 1985.
Sparrow, G.:	The Terrier's Vocation.
Stöhr, H.:	Wie helfe ich meinem kranken Hund.
Tottenham, K.:	The Jack Russell Terrier.
DGT-Institut:	Kräuter für den Hund.
ÖKV-Heft 10/87:	Unsere Hunde.
Werbeschrift:	Österreichischer Foxterrierclub.

Weiterführende Literatur aus dem Verlag Paul Parey, Hamburg und Berlin

Beyersdorf, P., 1981:	Dein Hund auf Ausstellungen. (Neuauflage 1993 geplant)
Fiedelmeier, L., 1983:	Kauf, Pflege und Fütterung des Hundes, 3. Auflage.
Kober, U., 1981:	Pareys Hundebuch. (Neuauflage 1993 geplant)
Poortvliet, R., 1987:	Mein Hundebuch, 2. Auflage.
Quednau, F., 1987:	Rechtskunde für Hundehalter.
Schmidtke, H.-O., 1984:	Gesundheitsfibel für Hunde, 2. Auflage.
Voss, I. von, und Lippa, L. von, 1978:	Das Kleinhundebuch, 2. Auflage.
Weidt, H., 1989:	Der Hund, mit dem wir leben: Verhalten und Wesen.

Bildnachweis

Titelbild und Seiten 31, 33, 58, 63	E. Furth
Seiten 12, 15, 18	aus der Zeitschrift „Hunde – Haltung, Zucht, Sport", Heft 21 (Oktober 1988)
Seiten 21, 72	J. Kraus
Seite 22	von Weichs
Seiten 24, 28, 42, 50	A. Maurer
Seiten 26, 34, 39, 64, 78, 86	Chr. Lindenberg-Beste
Seite 37	H. Lehmann
Seiten 41, 54, 85	I. Fabian
Seite 45	Kober, U.: Pareys Hundebuch. Hamburg u. Berlin: Verlag Paul Parey
Seite 61	A. Jarc
Seite 64	I. Scharnhop

Alle übrigen Abbildungen stammen vom Verfasser.

BERNINA sicher und zuverlässig hat alles für Ihren Hund

Umweltfreundliche Sprays
ohne Treibgas

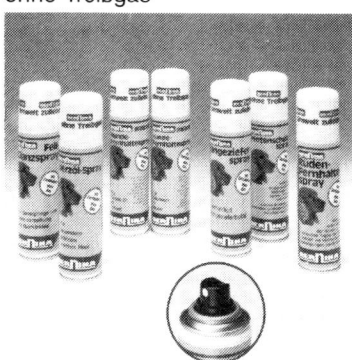

Dog-fish
mit lebenswichtigem
Eiweiß –
nicht fettbildend

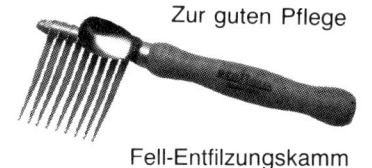

Zur guten Pflege

Fell-Entfilzungskamm

Profi-
Entwirrungskamm mit
rotierenden Zähnen

Lederwaren aus eigener
Herstellung für alle
Hunderassen

Erhältlich in guten Fachgeschäften.
Nachweis durch:
Wilh. Naumann GmbH · Postfach 2054 · 5860 Iserlohn

BERNINA

Bücher für den Hundefreund

Rien Poortvliet
Mein Hundebuch
Aus dem Holländischen übertragen.
2. Auflage. 1987. 232 Seiten mit mehr als 750 farbigen Zeichnungen. Format 28 x 22 cm. Gebunden 64,– DM

Was Rien Poortvliet hier geschaffen hat, ist einfach mehr als ein Hundebuch herkömmlicher Art. Das ist eine spannende, bunte, vielversprechende Entdeckungsreise in die Welt der Hunde: Hunderte von farbigen Zeichnungen, Skizzen und Bildern. In die brillante Galerie von mehr als 80 Hundeporträts streut Poortvliet seine Geschichten und Anekdoten von Hunden und Menschen. Ein meisterhaftes Buch für alle Hundefreunde.

Heinz Weidt
Der Hund, mit dem wir leben: Verhalten und Wesen
1989. 231 Seiten mit 91 Abbildungen, davon 27 farbig. Gebunden 48,– DM

Die das Verhalten des Hundes unwiderruflich prägende und für das Verhältnis Mensch – Hund entscheidende Entwicklungsphase (bis zur 14. Lebenswoche) wird analysiert, beschrieben und mit Abbildungen dokumentiert. Selten wurden verhaltensbiologische Erkenntnisse über den Hund so verständlich und praxisnah vermittelt.

Ulrich Kober
Pareys Hundebuch
Ein Leitfaden für zeitgemäße Hundehaltung. 1981. 244 Seiten mit 118 Abbildungen und 4 Farbtafeln. Gebunden 38,– DM

Freimut Quednau
Rechtskunde für Hundehalter
1987. 201 Seiten. Kartoniert 32,– DM

Leni Fiedelmeier
Kauf, Pflege und Fütterung des Hundes
3. Auflage, bearbeitet und ergänzt von Robert Dietz. 1983. 55 Seiten mit 25 Abbildungen, davon 22 Fotos. Kartoniert 14,80 DM

Peter Krall
Der gesunde und der kranke Hund
10., neubearbeitete Auflage. 1979. 147 Seiten mit 42 Abbildungen im Text und auf 8 Tafeln. Gebunden 29,80 DM

Hans-Otto Schmidtke
Gesundheitsfibel für Hunde
Ein Ratgeber für Hundehalter.
2., völlig neubearbeitete Auflage. 1984. 56 Seiten mit 15 Abbildungen, davon 8 Fotos. Kartoniert 14,80 DM

Den vollständigen Prospekt »Pareys Hundebücher« schicken wir Ihnen auf Anforderung gerne zu.

Preisstand: Februar 1992
Spätere Änderungen vorbehalten

Verlag Paul Parey
Spitalerstraße 12 · 2000 Hamburg 1

PAUL PAREY